AF330989

LEÇONS PRATIQUES

D'ÉDUCATION

MORALE, CIVIQUE ET SOCIALE

Par Demandes et par Réponses

A L'USAGE COMMUN

des enfants, filles et garçons, qui fréquentent les écoles
primaires publiques, et pouvant au besoin servir
d'auxiliaire aux parents et de collaborateur aux
Maîtres et aux Maîtresses dans cet auguste
enseignement de l'éducation

Par M. Désiré COUVREUR

Chevalier de la Légion d'honneur, Officier de l'Instruction publique.

NANCY

HINZELIN, ÉDITEUR, RUE SAINT DIZIER, 71

1893

Leçons pratiques d'Éducation

MORALE, CIVIQUE ET SOCIALE

OUVRAGES DU MÊME AUTEUR

Le Conseiller des Huissiers. 1 volume.

L'Essai d'Education (4e édition). 1 volume.

Les Etudes sur la manutention hypothé-
caire. Gazette du Notariat.

La Trilogie de l'Education. 1 volume.

LEÇONS PRATIQUES

'ÉDUCATION

MORALE, CIVIQUE ET SOCIALE

Par Demandes et par Réponses

A L'USAGE COMMUN

des enfants, filles et garçons, qui fréquentent les écoles
primaires publiques, et pouvant au besoin servir
d'auxiliaire aux parents et de collaborateur aux
Maîtres et aux Maîtresses dans cet auguste
enseignement de l'éducation

Par M. Désiré COUVREUR

Chevalier de la Légion d'honneur, Officier de l'Instruction publique

NANCY

HINZELIN, ÉDITEUR, RUE SAINT-DIZIER, 71

1893

DÉDICACE

Monsieur *JOST*, *Inspecteur général de l'Instruction publique, membre du Conseil supérieur.*

Monsieur l'Inspecteur général,

Le sentiment passionné de la dignité de l'enfant m'a conduit à écrire les Leçons pratiques d'éducation morale, civique et sociale, *à l'usage des enfants, filles et garçons, qui fréquentent les écoles maternelles et les écoles primaires publiques. Permettez-moi de vous dédier ce modeste ouvrage.*

J'étais délégué cantonal à Nancy lorsque vous y exerciez les fonctions d'inspecteur. Si je me permets de solliciter l'honneur de placer sur la première page de ce livre votre nom si autorisé, si connu et si aimé à Nancy, c'est d'abord à cause de ce souvenir. Puis, pourrait-il être mieux placé que sous les auspices de l'ancien inspecteur primaire de Nancy qui, par sa haute compétence pédagogique, a su parcourir rapidement toute la hiérarchie universitaire à la tête de laquelle son savoir et ses travaux l'ont enfin placé.

Veuillez agréer, Monsieur l'Inspecteur général, l'hommage de mon respect.

COUVREUR.

PRÉFACE

Le peuple monte, disait naguère le Ministre de l'Instruction publique.

Le peuple monte !

Il y a dans ce mouvement général une chose sérieuse bonne, c'est le souci profond de *l'instruction* de l'enfant, de son avenir qui est aussi l'avenir de la Patrie ; ce souci de tous points légitime, n'est pas seulement celui des parents : il paraît devenir véritablement national ; la France entière veut s'instruire, elle tend à constituer une aristocratie nouvelle par la supériorité de l'esprit, l'application au travail, la dignité du caractère et le prestige du talent.

La loi du 28 mars 1882 a consacré cette conception de l'esprit public en rendant obligatoire l'*Instruction primaire*, dont la culture fertilise l'intelligence des enfants qui la reçoivent.

Mais *l'éducation* morale de l'enfant qui commence au berceau se continue dans l'école maternelle pour s'achever dans l'école primaire. Cette éducation qui civilise, purifie et anoblit les sentiments et qui est le fondement de *l'instruction*, semble être absorbée par elle, s'abaisser et disparaître devant les progrès des facultés de l'esprit ; cela est d'autant plus à redouter que déjà les élèves quittent l'école primaire beaucoup plus instruits que bien élevés.

Le premier besoin qui s'impose absolument au début de cette science de la vie, c'est un *livre* spécial d'éducation morale qui soit compris et senti par ceux qui donnent cette éducation et goûté par l'enfant qui la reçoit.

En matière *d'instruction*, ce besoin a été compris : les élèves ont en mains des livres distincts pour apprendre leurs leçons de grammaire, d'histoire etc., que la leçon du professeur grave dans la mémoire.

L'éducation réclame son livre spécial pour apprendre à l'enfant ses leçons, que son professeur lui fera *comprendre*.

N'est-il donc pas d'une nécessité impérieuse, si l'on veut relever l'éducation de son *infériorité* sur l'instruction et faire pénétrer de vrais principes fortifiants dans l'âme des enfants, de mettre à leur disposition ce livre spécial d'éducation morale qui viendrait se joindre aux autres livres qu'ils ont déjà pour les préparer, en même temps à cet enseignement simultané de l'éducation morale et civique et de l'instruction intellectuelle.

Bien qu'impuissant à réaliser ce programme dans toute son étendue, nous n'hésitons pas cependant, inspiré et soutenu par le sentiment passionné de la dignité de l'enfant, a en tenter l'essai dans les limites de nos modestes moyens et en nous conformant aux programmes du Ministre de l'Instruction publique.

En conséquence, nous venons, avec confiance, offrir aux familles laborieuses, aux écoles maternelles et aux écoles primaires publiques un livre sous le titre : *Leçons pratiques d'éducation morale, civique et sociale,* approprié à l'usage des élèves *filles et garçons* qui fréquentent ces écoles.

Notre premier soin a été de bien établir la distinction profonde qui existe entre *l'éducation morale* et *l'instruction civique.*

L'éducation *morale* est l'objet des chapitres 1, 2 et 3. Elle est là exclusive de tout autre enseignement.

L'instruction *civique* traitée dans le chapitre 4, est également spéciale.

L'éducation *sociale* a aussi son enseignement particulier dans le chapitre 5.

Ainsi, avec ces trois enseignements bien distincts et séparés l'un de l'autre, la confusion entre eux devient impossible.

Il n'entre pas dans le cadre de cet ouvrage de nous occuper de l'instruction intellectuelle.

Ce livre est écrit en partie par demandes et par réponses, un dialogue entre le maître ou la maîtresse et l'élève, qui a l'avantage d'imprimer plus sûrement dans la mémoire les choses que l'on veut faire apprendre, et où les préceptes sont suivis d'exemples qui entrent dans la pensée et que l'on emporte avec soi dans la vie.

L'élève *apprend* par cœur les notions d'éducation enseignées par exercices dans ce livre.

Quand ces notions ont pénétré profondément ses sentiments il *comprend* seulement ce qu'il a *appris*. Alors la lecture attentive et réfléchie des parties non dialoguées, complément indispensable à l'éducation de l'enfant, éveille ses pensées, dirige son esprit, exerce sa mémoire, colore son imagination.

Avec ce guide et l'intelligente direction de l'éducateur, l'enseignement de l'éducation morale prend nécessairement un caractère particulier, distinct et substantiel, développé dans ses principes, dans son application pratique avec la même vigilance et la même sollicitude que l'on consacre au perfectionnement de l'instruction, de manière que ces deux branches de l'enseignement se prêtent un mutuel secours et se fortifient l'une par l'autre.

Ce double enseignement donné à l'enfant, forme son caractère, discipline sa raison, moralise son cœur et il l'élève dans le respect de sa dignité, de ses devoirs et de ses droits, dans sa grandeur morale. Il donne aussi de réelles connaissances à son esprit, des formes à ses manières ; il l'initie aux traditions de la famille, aux usages du monde, aux mystères de la vie, à l'enthousiasme pour ce qui est noble, à la passion pour ce qui est grand et sublime et à l'irrésistible entraînement au bien ; alors il sait aimer la famille, le travail et l'honneur, et il entre dans la société avec le sentiment du devoir, avec le respect des lois et de l'autorité, l'amour de la Patrie, le zèle pour ses intérêts et le dévouement pour sa gloire.

Qu'il nous soit permis d'associer le concours de ce modeste ouvrage aux généreux efforts des instituteurs et des institutrices, qui ont autant de grandeur d'âme que de modestie, pour agréer avec bienveillance cette collaboration à développer harmonieusement toutes les facultés, toutes les énergies de l'intelligence et du cœur des enfants et à leur inspirer l'amour des vertus essentielles, qui sont les plus sûrs fondements de la civilisation.

Si ce livre a le précieux avantage de descendre au foyer domestique, apporté par l'enfant, et d'y être lu à haute voix en famille, il est appelé à concourir à accroître l'efficacité de l'enseignement moral dans les familles et dans les écoles primaires publiques. La mission de l'éducateur serait beaucoup moins laborieuse et plus agréable, si les élèves *venaient en classe ayant étudié leur leçon d'éducation morale,* car il n'aurait plus qu'à les interroger.

Et pour les parents indifférents, inconscients des besoins de l'éducation morale, ou impuissants à la donner, ce contact permanent avec ces deux éléments, le livre et

l'enfant, ne peut qu'éveiller en eux le sentiment du devoir, secouer l'engourdissement
de l'âme, la paresse de l'esprit et leur donner le goût de cet auguste enseignement de
l'éducation morale, si doux au cœur d'un
père et d'une mère qui en comprennent la
suprême grandeur.

Désiré Couvreur.

Les Premiers Principes de l'Education

Le plus bel emploi de la sagesae
des vieillards, c'est l'éducation de la
jeunesse.

CICÉRON.

CHAPITRE Ier.

De l'Education morale dans la famille.

I.

CE QUE SE PROPOSE L'ÉDUCATION.

L'éducation est l'art de manier et de façonner l'enfant : elle doit commencer à sa naissance, car dès cet âge il est capable de recevoir des impressions, et il sera, dans un âge plus avancé, ce qu'on l'aura fait dans son enfance.

Cette éducation de l'enfant, de sa bonté native, de sa curiosité insatiable, de toute la printanière fraîcheur de ses facultés naissantes, qui doit commencer au berceau, est une œuvre collective dévolue à sa mère et à son père.

La mère est plus particulièrement chargée d'éveiller et de féconder ce qu'il y a de plus élevé dans l'âme de l'enfant, de plus délicat dans son esprit, de plus noble dans son cœur, de plus important dans sa destinée.

La puissance paternelle, qui sait toujours mieux se faire respecter et obéir, donne à l'enfant une éducation relativement virile, selon son sexe ; elle forme son caractère à la fermeté, sa volonté à la raison ; elle dirige et règle son esprit, son imagination, son jugement, et le prépare aux vicissitudes humaines avec l'autorité d'une sage et intelligente expérience.

II.

MÉTHODE D'ENSEIGNEMENT.

A l'aurore de la vie, quand l'enfant ne sait encore que dormir, pleurer et sourire, commence déjà son éducation aux joyeux efforts de la famille. Une mère, avec une douceur exquise, tact de l'âme, pénètre son enfant sans parole et sans froissement, le guide avec un sourire, le gagne avec une larme. L'expansion de ce qu'elle a de plus généreux, de plus vrai dans son amour, la rend maîtresse de ce petit être, dont elle forme le cœur en s'attachant à en faire l'étude, et, quand elle a gagné sa confiance et son affection, elle dirige le penchant de son âme vers le beau, le bien, le vrai, vers les mâles vertus qui font le caractère. Cette sublime tendance de bonne heure éveillée dispose à ce qu'il y a de grand, de noble, de généreux ; c'est à l'éducation à s'emparer de cette tendance, qui est la racine de tout ce qui fait la gloire et la vie de l'humanité.

Ce premier enseignement, commence à la naissance de l'enfant par un langage doux et ingénieux, dont l'amour maternel a seul le secret.

A mesure que l'enfant grandit, à mesure que son cœur s'ouvre à la sensibilité, son esprit à la clairvoyance, au discernement, que son intelligence devient plus active, l'enseignement, œuvre commune alors du père et de la mère, grandit aussi en sollicitude ;

. Mais en sollicitude attentive à deviner sa pensée.
à le prémunir contre les impressions qui seraient un
commencement de corruption de sa nature : car, à
cet âge où la mémoire n'est pas chargée de beaucoup
de choses, mais où rien de ce qui y entre n'en sort,
l'âme s'imprègne pour la vie des impressions qu'elle
reçoit, comme la toison fraîchement coupée boit la
teinture qui va la colorer ;

En sollicitude attentive aussi à l'entourer de bons
exemples, car l'enfant a une disposition naturelle à
l'imitation, et, ne pouvant discerner encore le bien
du mal, il recherche l'un et l'autre avec avidité lorsqu'il y trouve des éléments qui contentent ses instincts ;

En sollicitude attentive enfin à tenir éloignés de
sa vue (car il apprend beaucoup par l'office des yeux)
les faits et les images qui dépravent les espérances
de la vie ; à cet âge, les exemples et les faits entrent
dans la pensée et s'y impriment comme un cachet
dans un métal en fusion.

C'est par cette simultanéité de bons exemples et
d'actions pouvant meubler et exercer la mémoire de
l'enfant, qu'on le prépare au raisonnement.

Ce raisonnement tendre, élevé, enseigne à l'enfant
le respect de lui-même, la dignité de sa nature. l'intérêt de ses destinées et de son bonheur, lui fait
aimer l'obéissance, la discipline : soumet l'instinct
à la volonté, les facultés physiques et morales à une
direction fixe et habituelle : il lui imprime de salu-
taires inclinations, pour ne contracter, par la ré-
pétition fréquente des mêmes actes, des mêmes
situations, que des habitudes d'ordre et de tenue qui
sont un commencement de moralité : il le pousse et
le dirige dans la voie de la vérité et de la vertu, de
cette vertu qui donne l'énergie obstinée dans le travail, la patience volontaire dans la privation. l'esprit
de sacrifice, d'abnégation, d'attente, et les joies pures
du devoir accompli.

Dès que l'enfant n'est plus. alors que l'homme, la
femme, n'est pas encore, cet enseignement, plein de
sollicitude. s'attache à retenir au fond de son cœur,
les idées de justice, de moralité, de droiture, de

loyauté, de bienveillance, de charité, les fortes vertus que l'expérience de la vie fait germer, et la foi vive qui fait aimer la famille. le devoir, la vérité, l'honneur et la patrie.

Cette éducation, qui n'exclut ni la douceur ni la tendresse, a pour soutiens : une vigilante attention, une volonté sans faiblesse, une fermeté sans défaillance, et, pour sanction, un régime sévère, tempéré par une bienveillante indulgence, qui ne laisse rien de coupable sans correction. Elle est la suprême civilisation de l'âme, la plus noble tendance de l'humanité. et ne laisse plus craindre les écarts d'une inconduite permanente.

Il se peut que l'enfant, livré à lui-même un peu trop tôt, soit emporté par le tourbillon du monde et de ses dangereux plaisirs ; mais bientôt, l'éducation première, cette vaillante réparatrice des insomnies de l'erreur, réveille en son âme sa grandeur morale, la dignité de sa nature, le respect de soi-même et le relève des défaillances du cœur et de l'esprit.

Cette suprême civilisation se réalise dans l'œuvre commune au père et à la mère qui ont dans le cœur autant de grandeur que de tendresse, dans l'intelligence autant de raison que de fermeté, et, dans la pratique de l'enseignement moral, autant de prévoyance que de patiente assiduité.

Alors, l'enfant entre à l'école avec le sentiment du devoir. Il sait aimer, il veut savoir. C'est la vie résumée dans ses termes éternels et sublimes qu'on ne peut séparer, car ils se confondent pour se fortifier.

III.

DÉFAILLANCES.

Mais cette éducation, qui relève et punit toutes les fautes, cette rude et salutaire discipline, qui soumet et corrige, sont incompatibles avec ces caractères qui seraient tout amour de mère opprimant la conscience du devoir, et faisant de la correction effective un acte d'impiété.

Elle est encore incompatible avec les faibles intelligences, inconscientes des besoins de l'éducation.

Pour la mère, occupée par son commerce, par les besoins de son ménage ou par son travail manuel, qui ne peut donner à son enfant que des soins interrompus, discontinués pendant la durée de ses occupations journalières. le régime sévère lui semble également incompatible avec cette intermittence de sollicitude qui la dispose, au contraire, à une extrême bienveillance.

Ce n'est pourtant pas assez d'ombrager cette jeune fleur d'un regard vigilant, il faut encore lui prêter l'appui d'un tuteur pour la maintenir ferme et droite, pour la garantir contre les souffles impurs qui pourraient la flétrir, et pour combattre ses tendances naturelles à de mauvaises inclinations.

L'enfance, qui personnifie cette fleur. a pour tuteur la discipline. La discipline a trois fonctions principales dans l'éducation :

1º Montrer, en tout temps et en tout lieu, la route du devoir : c'est la discipline *directrice ;*

2º Ecarter les occasions dangereuses : c'est la discipline *préventive ;*

3º Ne laisser rien de coupable sans correction : c'est la discipline *répressive.*

Quand le sourire a disparu des lèvres, quand l'âme n'est plus en paix, l'enfance est en révolte. Il faut déjà peser de sa domination toute-puissante sur cette jeune organisation, tendre et facile à pénétrer, et l'amener à implorer son pardon par l'expression de ce sentiment dans les regards ; une tendresse qui sèmerait l'indulgence à chaque pas ferait germer plus tard de funestes moissons. C'est dans l'âge de l'enfance, où les peines sont le moins sensibles, qu'il faut multiplier les corrections pour les épargner dans l'âge de raison.

Mais est-ce possible? Si jeune !

Dans ce lamentable obscurcissement de son esprit et de sa raison, la mère, sans effort de résistance, sans lutte avec elle-même, s'oubliant jusqu'à trahir ses devoirs et vaincue par cette tendresse excessive qui est la paille qui brise le fer de la volonté, calme les impatiences de son enfant par ses sourires, par ses caresses ; elle joue avec ses caprices, avec ses passions naissantes, elle s'en divertit jusqu'à leur permettre toutes sortes de libertés ; elle gâte son esprit par l'exagération inconsidérée des louanges ; elle gâte son cœur en s'occupant de lui à l'excès dans ses loisirs, en l'adorant, en l'idolâtrant ; elle gâte son caractère en lui laissant faire toutes ses volontés, en accordant à ses goûts, à ses appétits, tout ce qu'elle peut, à sa paresse, tout ce qu'il veut ; ses désirs croissent incessamment par la facilité de les satisfaire, et il devient impérieusement exigeant.

Au moindre refus, l'enfant oppose un silence chagrin, boudeur, et, si on lui tient rigueur, il pleure, il crie et se met en colère ; pour apaiser cette révolte, la mère, deux fois défaillante à cette force d'énergie qui relèverait le moral de son enfant en réprimant ces écarts de sentiments, cède en pleurant sur sa faiblesse ; — elle cède pour avoir la paix ; — elle cède par égard pour un témoin qui se scandalise des tourments de l'enfant : — elle cède par crainte de compromettre sa santé ; — elle cède enfin, accablée par ce surcroît de faiblesse qui la rend impuissante à réagir contre elle, et, à chaque abandon de sa volonté, l'enfant acquiert un degré de plus d'exigence et perd un degré d'élévation morale.

Le père subit, comme la mère, cette douce loi qui le rapproche de plus en plus de son enfant. Comme elle aussi, il se laisse prendre sans qu'il le sache, sans qu'il s'en doute, par l'expression puissante de ce petit être, par l'observation de sa grâce, par la séduction de sa faiblesse, par tout ce qui fait que l'on aime, et il lui prodigue une tendresse idolâtre, et quand il devrait s'associer, dans la mesure de ses facultés, d'une façon intime à ses pensées, au mouvement de son esprit, à ses curiosités, à tous ses travaux ; l'aider, le seconder, le relever de ses découragements en l'éclairant, en le guidant sur ses doutes et en le récompensant dans ses succès par une parole affectueuse, son âme mollement trempée subit de tous les malaises moraux le plus terrible, l'affaissement, l'effacement du caractère ; alors il laisse son enfant grandir sous l'aile de sa mère, et, satisfait de s'en croire aimé, il oublie son rôle d'éducateur et ainsi vont s'égarer, dans un aveuglement sensible et profond, sa dignité paternelle, son autorité. son bon sens et ses devoirs de père.

Ainsi, au lieu de profiter de cet âge le plus tendre et le plus propice à la docilité, à l'éveil des sentiments qui font les âmes fières ; au lieu d'apprendre à cet enfant que le but de la vie est le perfectionnement moral qui fait sa grandeur, au lieu de lui donner la vigueur et une inflexible énergie pour vaincre par une lutte de chaque jour, par un combat de chaque heure, les défauts inhérents à notre nature et opposer une digue à de plus graves égarements, qu'arrive-t-il ? Une lâche et absolue condescendance à supporter son obstination, ses emportements, son ingratitude, son égoïsme naissant et déjà passionné, capricieux, ardent, maintient l'enfant dans l'ignorance native avec une âpreté inconsciente de persistance, et, quand toute cette semence est répandue dans son âme, son père et sa mère se persuadent encore que l'école réparera ce désordre.

L'éducation n'a pas ordinairement assez de pouvoir pour arrêter sur la pente cette nature toujours plus rapidement entraînée vers le mal. Cependant l'instituteur et l'institutrice n'hésitent pas à entreprendre cette conversion, où, le plus souvent, ils échouent. quelles que soient leur patience, leur fermeté, leur intelligence et l'union de tous leurs efforts.

Alors, cet enfant qui serait devenu une valeur par l'enseignement, qui aurait dompté son caractère, discipliné sa nature, moralisé son cœur, élevé son âme, flotte au hasard de la vie, et peut, un jour, dans le délire de l'esprit, commettre sur lui-même un irréparable malheur !

IV.

Maximes

« Celui qui aime ses enfants ne se lasse pas de les corriger, espérant qu'il trouvera par là, en eux, son bonheur à la fin de ses jours, et qu'il ne les verra pas mendier aux portes.

» Vous avez des enfants, donnez-leur une bonne éducation et accoutumez-les, dès leur plus tendre jeunesse. au joug de l'obéissance.

» Ce n'est point aimer son enfant que de lui épargner les châtiments : quand on l'aime véritablement on s'applique à le corriger.

» Châtiez votre enfant sans jamais perdre courage. de peur qu'il ne vous réduise à la nécessité dé souhaiter sa mort.

» Le cheval qu'on n'accoutume point au mors devient indomptable, et l'enfant abandonné à ses caprices ne connaît plus de frein.

» Flattez votre enfant, il vous rendra tremblant ; jouez avec lui, et il vous attristera.

» Ne vous familiarisez même pas trop avec lui, de peur que vous n'ayez bientôt sujet de vous en repentir et qu'il ne vous réduise enfin au désespoir.

» Ne le rendez pas maître de ses actions pendant sa jeunesse ; surveillez jusqu'à ses pensées.

» Courbez sa tête et soumettez-le dans sa jeunesse ; châtiez-le sévèrement pendant qu'il est enfant, de peur qu'il ne s'endurcisse et ne veuille plus vous obéir, et qu'alors il ne devienne la douleur de votre âme.

» Instruisez votre enfant, travaillez à le former, de peur qu'il ne vous déshonore par une vie honteuse.

» Ne laissez pas votre enfant vivre sans discipline et sans règle.

» Si vous l'élevez avec fermeté, vous délivrez son âme de la mort.

» La sottise est comme attachée et liée dans le cœur d'un enfant : c'est la discipline qui l'en chassera. »
(Le Sage.)

Terminons cet article par un mot de Fénelon, à l'adresse des mères :

« Les enfants, dit-il, qui feront dans la suite tout le genre humain, que deviendront-ils si les mères les gâtent dès les premières années ? Les désordres des enfants viennent souvent de la mauvaise éducation qu'ils ont reçue de leur mère. »

CHAPITRE II.

De l'Education morale dans la famille et dans l'Ecole maternelle.

—

I.

LE REVEIL.

Enfants,

Vous voici arrivés à l'âge où l'on sourit à la vie, où le cœur se développe et s'élargit, où l'âme prend son essor et cherche à aimer, à être aimée, où l'intelligence s'ouvre aux conseils de la raison.

Écoutez, répondez et retenez.

II.

DEVOIRS ENVERS LA FAMILLE

§ 1er. — *L'amour filial.*

L'amour filial est une tendresse ardente de l'enfant pour son père et sa mère. C'est une expansion libre et volontaire de la plus généreuse reconnaissance des bienfaits qu'il reçoit.

D. L'enfant doit-il aimer ses parents ?

R. Oui. l'enfant doit aimer ses parents de tout son cœur.

D. Pourquoi l'enfant doit-il aimer ses parents ?

R. L'enfant doit aimer son père et sa mère, parce.

que notre père et notre mère nous aiment, travaillent pour nous élever, prennent soin que nous ne manquions de rien, et qu'aucun sacrifice ne leur coûte pour assurer notre avenir.

D. Ainsi, l'enfant a de grands devoirs à remplir à l'égard de ses parents?

R. L'enfant doit, par sa tendresse, par son obéissance, par son travail, prouver à ses parents qu'il n'est pas ingrat, c'est-à-dire qu'il comprend toute l'étendue de ses devoirs. Il doit aimer ses parents et toujours les servir et les respecter.

D. Ne doit-il pas aussi s'attacher à leur témoigner son amour et sa reconnaissance?

R. Oui, c'est pour notre père et notre mère que nous devons réserver les épanchements de notre cœur nos services affectueux; nous devons leur rendre la vie aussi douce, aussi aimable que possible.

L'amour filial est le moyen pour les enfants, filles et garçons, de commencer de bonne heure cet apostolat de tendresse qui prépare les cœurs à l'avènement de la vérité.

Avez-vous jamais pensé, chers enfants, à l'isolement de l'orphelin, seul dans le monde, privé des caresses d'une mère, des embrassements d'un père? songez-y et que votre affection pour vos parents demeure toujours vive, ardente; rendez-les fiers de leurs enfants par votre bonne conduite, soyez dignes de leur amour.

Maxime

I. Celui qui aime sa famille est sûr de devenir un honnête homme.

La journée est terminée. Le père, son rude travail achevé, les enfants, après les heures de classe bien remplies, sont rentrés au logis où la mère les attend. Ils s'asseyent autour d'une table qui les réunit tous pour le repas du soir. Qu'ils sont heureux de se retrouver !

La joie brille sur les physionomies, la gaité la plus franche anime la conversation. Chacun raconte ce qu'il a vu, ce qu'il a fait. Le père questionne, les enfants répondent avec déférence, la mère leur sourit avec tendresse. Voilà un doux tableau : c'est celui de la famille.

(ALLOU.)

§ 2. *Soumission envers ses parents.*

La soumission à la famille est la vertu des enfants, lesquels, ignorants des véritables chemins de la terre, ont besoin d'être dirigés sans cesse par ceux qui les aiment.

La soumission consiste à se conformer aux désirs de ses parents, sans murmure, avec empressement, à mettre son dévouement dans la soumission, son affection dans l'obéissance et à recevoir avec docilité tout ce qui vient d'eux : conseils, exhortations, avertissements, reproches, réprimandes, punitions, enfin à leur témoigner tout le plaisir qu'il y a à leur plaire et à les aimer, sachant bien qu'on en est aimé.

Il n'est peut-être pas hors de propos d'applaudir ici à la soumission passive que certains parents exigent et obtiennent de leurs enfants, soit par une disposition naturelle et volontaire, soit par la constante et ferme volonté paternelle.

Plus tard, quand ces enfants sont grands, quand la raison vient éclairer leur jugement, ils conservent de ce passé un reste d'habitude qui leur rend l'obéissance aussi facile qu'intelligente.

Devenus majeurs. ils ont la conviction que ce n'est pas abaisser son cœur que de se plier à l'obéissance aux lois, aux devoirs de son état, à la discipline sociale et professionnelle envers ses chefs et ses supérieurs hiérarchiques, que le caractère gagne, au contraire, en élévation quand le jeune homme et l'homme, quand la jeune fille et la femme accomplissent ce devoir avec le sentiment délicat de la soumission.

D. Quel est le premier devoir des enfants envers leurs parents ?

R. Le premier devoir des enfants envers leurs parents est d'être dociles à leurs avis, d'écouter avec soumission les ordres qu'ils donnent et de les exécuter rapidement et sans murmurer.

D. Accomplissez-vous ce devoir dans toute son étendue ?

R. Nous sommes bien souvent rebelles aux volontés et aux conseils de notre père et de notre mère et, dans l'école, nous apportons les mêmes dispositions.

D. Ne vous êtes-vous jamais révoltés contre un reproche de vos parents ?

R. Oui, nous nous sommes quelquefois révoltés, car le reproche nous blesse parce que nous croyons, par amour-propre, ne pas l'avoir mérité.

D. Demandez-vous, au moins, pardon à vos parents des fautes que vous avez commises ?

R. Non, rarement nous demandons pardon de nos fautes à nos parents, parce qu'ils nous paraissent n'en avoir pas gardé le souvenir.

D. Que doit faire un enfant quand il est puni par ses parents ?

R. Quand il est puni par ses parents, un enfant doit accepter la punition sans se révolter, sans murmurer, et prendre en lui-même la ferme résolution de ne plus commettre la même faute à l'avenir.

Maximes

I. Vieillesse est mère de sagesse ;
II. Science est fille d'expérience.

Henriette.

— Es-tu contente de ta promenade, Henriette ?
— Oh ! oui, maman.
— De quel côté ta tante t'a-t-elle menée ?
— Sur le boulevard du Temple.
— As-tu vu de jolies choses ?
— Oh ! oui, maman, et je me suis bien amusée.
— Et le contentement t'a fait oublier de m'embrasser en arrivant ?
— Oh ! non, maman ; mais je ne peux pas t'embrasser.

— Pourquoi donc, ma fille ?

— Tu sais bien que ce matin, je t'ai désobéi ; tu m'as dit que tu ne m'embrasserais pas de toute la journée. Tu l'as oublié. mais je ne voudrais pas te désobéir encore une fois et pourtant je voudrais bien t'embrasser.

— Viens dans mes bras, mon Henriette, ta docilité mérite cette récompense.

— Oh ! maman. que je suis contente ! Tu verras. demain, tu n'auras plus besoin de me gronder.

(J. MESSIN.)

Le fils du Croate.

« Un jour le fils d'un Croate (Hongrie) avait volé des fruits dans le verger du château. M... alla se plaindre au grospodar.

» — Combien valent tes fruits ? demanda celui-ci. — Un florin, répondit M...

» Le chef paya, et, appelant son fils : — Va chercher un banc.

« Le fils obéit.

» Le père lui fit signe de s'étendre dessus. Il lui lia les mains derrière le dos et lui administra vingt coups de bâton.

» Le fils se releva, reporta le banc à sa place et vint baiser la main de son père en lui disant : Merci. »

§ 3. *Les grands-parents.*

D. Qui sont vos parents ?

R. Ce sont le père et la mère de notre père et de notre mère, que nous appelons grand-papa et grand'-maman, ou grand-père et grand'mère.

D. Y en a-t-il d'autres ?

R. Oui, ce sont encore les frères et sœurs de nos père et mère, que nous appelons nos oncles et nos tantes.

D. Devez-vous aux grands-parents obéissance et respect ?

R. Oui, les enfants, et à plus forte raison les petits-enfants, doivent obéissance, respect, soins et dévouement aux grands-parents.

D. Que doivent faire lés enfants quand le grand-papa ou la grand'maman reposent?

R. Les enfants doivent alors cesser leurs jeux bruyants, se tenir tranquilles et respecter le sommeil de leurs grands-parents.

D. Si vos grands-parents désirent un objet qui n'est pas à leur portée, que devez-vous faire?

R. L'enfant doit se hâter de chercher la chose désirée et doit l'apporter avec empressement et bonne grâce.

D. Quel est le devoir des enfants si leurs grands-parents ne peuvent sortir ou s'ils ont l'habitude de rester chez eux?

R. L'enfant doit les visiter aussi souvent que possible; rester près d'eux le plus longtemps qu'il peut, leur tenir compagnie, leur faire une lecture, les charmer par sa gaîté et sa bonne humeur.

D. Dans ces doux entretiens avec ses parents, l'enfant n'a-t-il pas plusieurs avantages?

R. Certainement il acquiert des connaissances: les personnes âgées ont beaucoup vu, souvent beaucoup étudié; elles ont l'expérience de beaucoup de choses et les enfants ont considérablement à gagner dans leur société.

Maximes

I. Le respect est le sentiment de la dignité d'autrui.
II. Honore la vieillesse, si tu veux vivre vieux.

Le petit-fils complaisant.

Un vieillard était assis dans un jardin public et lisait son journal. A un mouvement qu'il fit, sa canne tomba; comme il se baissait péniblement, un enfant de six à sept ans, qui jouait près de là, vint vivement ramasser la canne et la lui rendit; le vieillard remercia avec un sourire.

L'idée lui vint d'éprouver jusqu'où irait la complaisance du petit garçon. Quelques instants plus tard, il fit semblant de dormir et laissa tomber son journal ; il sentit presque aussitôt que le jeune enfant le replaçait doucement sur ses genoux. Enfin, s'étant levé pour continuer sa promenade, un de ses gants tomba par terre. L'enfant, par un mouvement tout naturel, s'empressa de le lui rapporter.

Le vieillard prit alors la main du garçonnet : « Vous êtes, lui dit-il. un bon petit garçon. Mais pourquoi êtes-vous si complaisant pour moi que vous ne connaissez pas ? — Oh ! monsieur, c'est que je vois bien que vous êtes un grand-papa. — Vous avez donc un grand-papa ? — Oui, monsieur. — Et vous l'aimez bien ? — Oh ! oui monsieur, beaucoup. — Eh bien, reprit le vieillard, dites-lui de ma part qu'il est bien heureux d'avoir un bon et charmant petit-fils comme vous. »

(I. Carré et L. Moy.)

§ 4. *Des sacrifices des parents.*

Les sacrifices des parents se résument en un état d'abnégation sublime, de dévouement intrépide, par lequel ils consacrent leur existence et font l'abandon d'eux-mêmes, de leur vie, de ce qu'ils ont de plus cher en faveur de leurs enfants, espérance de la famille.

Que de fois, chers enfants, n'avez-vous pas entendu vos parents dire : « Quelle année difficile, encore une perte d'argent, une faillite où nous perdons une forte somme. Il faudra nous priver de beaucoup de choses pour suffire à l'éducation et à l'instruction de nos enfants ? »

Réfléchissez un peu ; promettez-vous, à vous-mêmes, d'agir de manière à récompenser votre père et votre mère de leurs soins, de leur tendresse et de leurs sacrifices pour le succès de vos études, et hâtez-vous de les affranchir au plus tôt de ces sacrifices.

D. Pensez-vous que votre père gagne facilement l'argent qui fait vivre la famille et vous-même ?

R. Non, nous savons bien qu'il doit travailler toute la journée, car lorsqu'on ne travaille pas, on n'est pas payé.

D. Que devez-vous faire, puisque vous êtes convaincus que vos parents font des sacrifices réels pour vous élever et vous instruire?

R. Nous devons ne pas perdre une minute, et apporter la plus grande application à nos devoirs d'écoliers et d'écolières. afin de rendre profitables les sacrifices de nos parents.

D. Vos mères aussi n'ont-elles pas beaucoup de peine pour entretenir vos effets, votre linge et préparer vos repas?

R. Certainement. nos mères ont tout le tracas du ménage et notre devoir est de leur offrir nos services pour tout ce qui peut les aider.

Maxime

I. Un devoir bien rempli rend le cœur content.

Ceux que j'aime.

J'aime maman, qui promet et qui donne
Tant de baisers à son enfant
Et que si vite lui pardonne
Toutes les fois qu'il est méchant.
J'aime papa, qui toute la semaine
Va travailler pour me gagner du pain
Et qui paraît ne plus avoir de peine
Quand je lui mets un bon point dans la main.
Et j'aime aussi bonne grand'mère
Qui sait des contes si jolis
Et j'aime encore mon petit frère
Qui me taquine quand je lis.

(L. TRAUTNER.)

§ 5. *De l'assistance des enfants envers leurs parents.*

L'assistance consiste à venir en aide à ceux qui sont dans la gêne, à ceux qui souffrent ; à défendre leurs intérêts, à les secourir avec un généreux empressement.

N'est-il pas tout naturel qu'un enfant, soigné par ses parents jusqu'au jour où il a pu se suffire, soutienne ses parents lorsque l'âge ou les infirmités les empêchent de travailler ?

Ayez, enfants, l'âme vaste, chaude, ouverte à tous les bons sentiments, à toutes les aspirations délicates ; que votre candeur, votre courage et votre générosité soient inépuisables en sacrifices pour vos parents.

D. L'enfant doit-il seulement la nourriture et le coucher à ses vieux parents ?

R. Non, l'enfant ne leur doit pas que la nourriture et le coucher ; il doit toujours leur témoigner la même déférence, la même affection ; il doit les aimer d'autant plus qu'ils sont devenus âgés ou infirmes.

D. La loi oblige-t-elle les enfants à secourir leurs parents ?

R. Oui. la loi civile a prévu le cas des enfants oublieux et ingrats ; elle oblige les enfants à nourrir. à loger et à soutenir leurs père et mère et autres ascendants.

D. Les parents malheureux peuvent donc contraindre leurs enfants à leur prêter assistance ?

R. Oui. la loi donne aux parents le pouvoir de contraindre leurs enfants à les aider dans leur détresse.

Maxime

I. La gloire d'un fils, ce doit être la vieillesse de son père.

Le vrai fils.

« Un menuisier laborieux, qui gagnait beaucoup d'argent, vivait d'une manière très frugale : il s'habillait, lui et sa famille, avec simplicité et évitait soigneusement toute dépense superflue.

» — Que faites-vous donc de tout votre argent, maître menuisier ? lui dit un jour son voisin, qui était tourneur.

» Le menuisier lui répondit : — J'en emploie une partie à payer mes dettes, et je place l'autre à intérêts.

» — Bah ! s'écria le tourneur, vous plaisantez ;

vous n'avez pas de dettes, ni de capital placé en rente.

» — Il en est cependant ainsi, dit le menuisier ; mais laissez-moi vous expliquer la chose.

» Voyez-vous, tout l'argent que mes bons parents ont dépensé pour moi depuis le moment où j'ai vu le jour, je le regarde comme une dette dont je dois m'acquitter.

» Tout l'argent que je dépense pour mes enfants. afin de leur donner un bon état, je le regarde comme un capital qu'ils me rembourseront avec intérêts quand je serai vieux.

» Mes parents n'ont rien épargné pour me bien élever. je fais de même pour mes enfants, et je considère comme un devoir de rendre à mes parents le bien qu'ils m'ont fait ; j'espère aussi que mes enfants s'acquitteront de ce qu'ils me doivent, comme s'ils m'en donnaient un billet en bonne forme.

» Enfants, vous devez rendre fidèlement un jour à vos bons parents tout le bien qu'il vous font aujourd'hui. »

(Ch. Schmid.)

§ 6. *Devoirs entre frères, et entre frères et sœurs.*

Les liens qui unissent les enfants d'une même famille sont bien doux ! Ces enfants ont puisé la vie dans le même sein, ils ont été reçus dans le même berceau, et ils ont donné aux mêmes parents les doux noms de père et de mère.

Dans la famille. unité d'impulsion morale, unité de tendances et d'affections ; égalité d'habitudes, de bien-être ou de privations : égalité de rang, d'espoir et d'avenir, ce sont autant de liens qui enlacent les cœurs des frères et des sœurs dans une profonde et sincère amitié.

D. Que faut-il faire pour être bon frère ?

R. Il faut se défendre de l'égoïsme et être généreux dans ses relations fraternelles.

D. Qu'entendez-vous par cette générosité fraternelle ?

R. C'est avoir une sollicitude égale pour les intérêts de ses frères comme pour les siens propres ; se réjouir de ce qui leur arrive d'heureux et partager leurs peines et en adoucir l'amertume.

D. Devez-vous cette même sollicitude à votre sœur ?

R. Oui. et en outre, le frère a pour sa sœur une délicate attention à lui être agréable ; il met à son service son intelligence virile, car, avant même d'être sorti de l'enfance, il est déjà son protecteur.

D. Comment la jeune fille répond-elle à cette intimité fraternelle?

R. Elle apporte en échange l'exquise sensibilité de l'amitié ; elle est la confidente naturelle des chagrins, des joies. des espérances de ses frères, la tendre et ingénieuse amie qui les ramène à la vie de famille, s'ils tendent à s'en détacher.

D. L'intimité entre sœurs n'a t-elle pas un caractère particulier?

R. En effet. leur intimité est complète, leurs occupations sont semblables, leurs goûts diffèrent peu ; la similitude de leurs vêtements semble n'être que le symbole de leur ressemblance morale. C'est un seul cœur, c'est une seule vie qui se communique à plusieurs âmes.

D. Quel est, dans la famille, le rôle du grand frère, de la grande sœur?

R. Les grands frères et les grandes sœurs doivent aider, surveiller, guider et conseiller leurs petits frères et sœurs : ils doivent surtout ne leur donner que de bons exemples.

Maximes

I. Qui s'aime trop, s'aime seul.

II. Cherche les vertus chez ton frère et les vices chez toi.

Les deux frères.

L'un de ces frères était marié et avait plusieurs enfants ; l'autre était seul. Ils cultivaient en commun le champ qu'ils avaient hérité de leur mère.

Le temps de la moisson étant venu. les deux frères lièrent leurs gerbes et en firent deux tas égaux qu'ils laissèrent sur le champ.

Pendant la nuit, celui des deux frères qui n'était pas marié eut une bonne pensée ; il se dit à lui-même : « Mon frère a une femme et des enfants à nourrir, il n'est pas juste que ma part soit aussi forte que la sienne : allons prenons, de mon tas quelques gerbes que j'ajouterai secrètement aux siennes ; il ne s'en apercevra pas et ainsi ne pourra pas le refuser. »

Et il fit comme il avait pensé.

La même nuit, l'autre frère s'éveilla et dit à sa femme : « Mon frère est jeune ; il vit seul et sans compagne : il n'a personne pour l'assister dans son travail et le consoler de ses fatigues ; il n'est pas juste que nous prenions du champ commun autant de gerbes que lui. Levons-nous et portons secrètement à son tas un certain nombre de gerbes ; il ne s'en apercevra pas demain et ainsi ne pourra le refuser. »

Et ils firent comme ils avaient pensé.

Le lendemain, chacun des deux frères se rendit au champ et fut bien surpris de voir que les deux tas étaient toujours pareils ; ni l'un ni l'autre ne pouvait se rendre compte de ce prodige.

Ils firent de même pendant plusieurs nuits de suite. Mais comme chacun d'eux portait au tas de son frère le même nombre de gerbes, les tas demeuraient toujours égaux, jusqu'à ce qu'une nuit, tous deux s'étant mis en sentinelle pour approfondir la cause de ce mystère, ils se rencontrèrent portant chacun les gerbes qu'ils se destinaient mutuellement.

(LAMARTINE.)

Amour fraternel.

J'avais un frère plus âgé que moi de sept ans et que j'aimais tendrement.

Je me souviens qu'une fois que mon père le châtiait rudement et avec colère, je me jetai impétueusement entre eux deux, l'embrassant étroitement.

Je le couvris ainsi de mon corps, recevant les coups qui lui étaient portés, et je m'obstinai si bien dans cette attitude, qu'il fallut enfin que mon père lui fît grâce, soit désarmé par mes cris et mes larmes, soit pour ne pas me maltraiter plus que lui.

(J.-J. ROUSSEAU.)

III.

L'ÉDUCATION EST LE FONDEMENT DE L'INSTRUCTION.

Nous avons tracé en commençant les grandes lignes de l'enseignement de l'éducation ; ici nous allons vous faire connaître, chers enfants, quel rôle joue l'éducation dans l'instruction.

L'éducation étant l'éveil et le développement gradué et successif des facultés morales dans la voie de la vérité et de la vertu, devient la base fondamentale de l'instruction. qui repose sur cette assise, comme un monument de pierre repose sur de larges et profondes fondations qui en assurent la solidité.

Je veux construire un bâtiment. Pour le rendre durable, je commence par établir une base sur laquelle je puisse. en toute sûreté asseoir mon édifice. J'ouvre dans le sol une tranchée ; je la remplis de pierres que je relie ensemble au moyen d'un ciment. J'élève ma construction sur cette assise et, en observant les règles de l'harmonie et le bon goût architectonique, j'obtiens un bâtiment aussi élégant que solide.

A mesure que l'enfant reçoit l'éducation qui donne au cœur la sensibilité, à l'esprit la bienveillance, à l'âme sa dignité, il se forme en lui une assise de sentiments moraux, qui se constitue fortement par la continuité de cet enseignement et sur laquelle l'instruction vient s'asseoir avec confiance. De cette intime union il se dégage une force morale invincible qui défie la corruption des mœurs, comme le monument, posé sur de larges et profondes fondations de pierres, défie la tourmente.

L'accord est aussi parfait entre l'éducation et l'instruction qu'il l'est, en effet, entre le monument et ses fondations ; car, en développant les idées et les sentiments à mesure que s'étendent les connaissances intellectuelles et la pratique des formes, on obtient, par l'harmonie des règles de ce double enseignement simultané, qui donne à l'âme sa grandeur morale, — à l'esprit, des connaissances, — aux manières, des grâces qui font luire l'éducation. on obtient, dis-je, un édifice humain aussi gracieux que durable.

Mais l'instruction sans le secours de l'éducation produira des hommes instruits. des savants même, mais des hommes incomplets, le cœur n'étant pas élevé.

Il est donc bien utile de faire une étude spéciale de ce que l'on nomme éducation. car on élève le cœur comme on élève l'esprit, comme on développe l'intelligence.

Comment peut-on distinguer l'éducation de l'instruction? Pour répondre à cette question, nous répéterons ce que dit à ce sujet un grand maître en la matière :

« L'éducation développe les facultés.

» L'instruction donne des connaissances.

» L'éducation élève l'âme.

« L'instruction pourvoit l'esprit.

« L'éducation fait les hommes.

« L'instruction fait les savants.

« L'éducation est le but.

« L'instruction n'est qu'un des moyens.

« L'éducation est donc singulièrement plus haute, plus profonde et plus étendue que l'instruction.

« L'éducation embrasse l'homme tout entier.

« L'instruction, non. »

D. Nommez l'une des principales preuves extérieures d'une bonne éducation ?

R. C'est la politesse.

IV.

LA POLITESSE. — 1ʳᵉ partie.

La politesse est la bonté, la morale du cœur, le sentiment des convenances : c'est un lien que la société a établi entre les personnes. Elle est la sauvegarde de leurs relations,

D. Quels sont les signes extérieurs les plus apparents de la politesse ?

R. Ce sont : le salut, la déférence.

D. Comment un jeune garçon doit-il saluer ?

R. Un jeune garçon doit saluer en ôtant sa casquette ou son chapeau avec grâce et non par un mouvement précipité, automatique ; s'il est nu-tête, il doit s'incliner.

D. Quand doit-il faire ce salut ?

R. Toutes les fois qu'il rencontre une personne à qui il doit cet acte de déférence ; il la salue quelques pas avant de la dépasser, afin qu'elle puisse lui rendre sa politesse.

D. Si un supérieur, une dame, un vieillard, arrête un jeune homme dans la rue, quelle doit être son attitude ?

R. Il doit se découvrir et tenir sa casquette ou son chapeau à la main.

D. Est-il bien séant de tenir son chapeau ou sa casquette à la hauteur de la tête, comme si l'on craignait de se découvrir entièrement la tête ?

R. Non, on doit abaisser le bras le long de la jambe, tenant son chapeau à la main et attendre que l'on vous invite à vous couvrir.

D. Comment les jeunes filles doivent-elles saluer ?

R. En faisant une révérence ou, en marchant, par une inclination pleine de souplesse et de grâce, sans se contenter d'un simple mouvement de tête.

D. Que direz-vous du salut qui termine une lettre ?

R. Ce genre de salut est très varié, il se règle généralement sur la condition des personnes auxquelles on écrit et suivant le degré de respect, de déférence ou de simple considération qui leur est due.

D. Quand deux personnes de même valeur se rencontrent, quelle est celle qui doit saluer la première ?

R. Ce doit être la plus jeune ; mais c'est souvent la plus polie des deux qui commence.

D. L'usage d'échanger une poignée de main entre personnes qui se rencontrent fait partie de notre éducation. Cet usage a-t-il aussi ses règles de convenance ?

R. Oui.

D. Faites-les connaître ?

R. Un jeune garçon ne doit jamais tendre la main à une dame, — à son chef, — à ses supérieurs, — à une personne plus âgée que lui : il doit attendre qu'on le prévienne.

D. Quand il est honoré de cette prévenance, que doit-il faire ?

R. Il doit y répondre en serrant discrètement la main qu'on lui présente et s'incliner en signe de respect.

D. Une jeune fille doit-elle aussi attendre qu'on lui tende la main ?

R. Oui. Une jeune fille doit même observer une plus grande retenue qu'un jeune garçon et ne presser légèrement la main de ses supérieurs qu'avec une respectueuse modestie.

D. Mais si c'est un parent, une parente, un ami, une amie, ce serrement de main respectueux n'est-il pas une froide expression de l'amitié ?

R. On serre la main d'un parent, d'une parente, d'un ami, d'une amie, avec la spontanéité et l'expansion réglées sur le plaisir plus ou moins grand que nous fait légitimement éprouver cette rencontre.

D. Comment serre-t-on la main d'un étranger, d'une personne que l'on voit pour la première fois ?

R. Le tact nous enseigne, en cette circonstance, que la pression de main doit être, comme le salut, en rapport avec le degré de considération, de respect, de déférence, que nous croyons devoir à l'étranger ou à la personne inconnue qui nous tend la main.

D. Et si vous ne lui devez qu'un simple acte de politesse ?

R. Dans ce cas, la pression de main doit être très réservée.

D. Lorsque les jeunes gens veulent entrer dans une chambre, ne doivent-ils pas frapper à la porte et attendre qu'on leur dise : « Entrez » ?

R. Oui, l'usage ordonne de frapper un petit coup à la porte et d'attendre qu'on dise : «Entrez, » avant d'ouvrir.

D. Pourquoi prendre cette précaution ?

R. Les simples convenances exigent tout au moins qu'on se fasse annoncer avant de pénétrer dans l'appartement d'une personne. Il n'en est pas de même d'un salon où l'on entre sans frapper.

D. Si un enfant se trouve sur le passage de quelqu'un, que doit-il faire ?

R. Il doit se retirer en arrière, faire place, ou, s'il ne peut le faire, laisser le passage libre le plus possible.

D. Si l'enfant est obligé de passer devant quelqu'un, que doit-il dire ?

R. Il doit dire : « Pardon, » et en même temps s'effacer le plus possible et témoigner son respect, de la déférence aux personnes plus âgées que lui.

D. Devez-vous, dans la rue, du respect et de la déférence aux personnes représentant le pouvoir, — l'autorité, — à vos chefs, — à vos supérieurs hiérarchiques ?

R. Oui, la politesse nous en impose le devoir et, outre le salut, nous devons leur céder le haut du pavé ?

D. Qu'entendez-vous par le haut du pavé ?

R. On entend par le haut du pavé le côté des maisons.

Maximes

I. L'enfant poli porte son miroir avec lui.

II. Bonne tenue et politesse sont l'ornement de la jeunesse.

L'enfant poli.

J'étais hier à la promenade quand je vis Adolphe, un de vos plus jeunes camarades. ôter fort poliment sa casquette devant un monsieur âgé qui passait à côté de lui.

« — Très bien, me dis-je, mon petit Adolphe suit attentivement les leçons et les conseils que je lui donne. Voyons s'il continuera auprès de cette dame qu'il va rencontrer ? »

J'eus le plaisir de voir qu'il se découvrait de nouveau et je lui en ai fait mon compliment

Du reste, cela ne devait guère m'étonner, car il a toujours été très convenable : quand il entre chez quelqu'un ¡(et toujours après avoir frappé) : « Bonjour, monsieur, bonjour, madame ; au revoir, messieurs, au revoir, mesdames, » ne manque-t-il jamais de dire. S'il reçoit quelque chose, il n'oublie jamais de dire : « Merci, monsieur » ou « Merci, madame ; » et s'il demande lui-même un livre, du pain ou toute autre chose, il ajoute toujours : « S'il vous plaît, monsieur ; s'il vous plaît, madame. »

On voit que c'est un enfant bien élevé que le petit Adolphe.

(Cuir.)

Anecdote.

Un officier demandait une grâce au maréchal de France X..., et terminait sa lettre par : « Je suis avec considération et attachement... » Le maréchal lui accorda sa demande et termina ainsi sa réponse : « Au reste, je vous prie de garder votre *attachement* pour vos gens, votre *considération* pour vos inférieurs et un profond *respect* pour le maréchal. »

(Mme DE NECKER.)

V.

L'OBÉISSANCE.

L'obéissance ! Voilà un bien grand mot que des esprits prévenus confondent avec la servitude.

C'est cependant l'obéissance seule qui est comme le pivot des sociétés.

Sans l'obéissance, vos parents, chers enfants, ne peuvent faire fructifier les bons conseils qu'ils vous donnent ; sans l'obéissance, vos maîtres ét vos maîtresses ne peuvent vous donner toute la science qu'ils voudraient vous voir acquérir. Sans l'obéissance, le soldat compromettrait l'existence même de la Patrie ; sans l'obéissance. le fonctionnaire en troublerait la sécurité. Sans l'obéissance aux lois, le citoyen, enfin, ne serait pas digne de ce beau nom.

Donc, partout l'obéissance est nécessaire, indispensable, et vous devez de bonne heure vous habituer à obéir et à obéir vite.

D. Qu'est-ce que l'obéissance ?

R. L'obéissance est l'acte par lequel on se soumet aux ordres de ceux qui ont le droit de nous commander.

D. Est-on réellement soumis à l'obéissance ?

R. Oui, sans aucun doute. Toutes les créatures humaines sont tenues d'obéir à la loi, au devoir, à des chefs, à des supériorités.

D. Qu'entend-on par le mot hiérarchie ?

R. C'est un ordre établi entre les pouvoirs publics ayant des rangs subordonnés les uns aux autres, entre les autorités et les personnes, qui fait que les unes dépendent des autres.

D. Cet ordre hiérarchique est-il nécessairement réglé ?

R. Oui.

D. Comment ?

R. Dans l'administration civile et judiciaire par le rang des emplois, — dans l'armée par le rang des grades, — dans l'industrie, dans le commerce, à l'atelier par des chefs, — dans la société par des supériorités qui s'imposent d'elles-mêmes ; tous ont acquis une autorité relative qui impose l'obéissance hiérarchique à leurs ordres.

D. D'où vient le sentiment que nous avons de la hiérarchie ?

R. De ce que nous comprenons que les hommes. ne sont pas égaux en moyens, en force, en richesse, en esprit, et que cette inégalité même est le ressort de la société, où tout est disposé en hiérarchie.

D. Le soldat doit-il obéissance à ses chefs ?

R. Oui, il est tenu à l'obéissance passive, muette, immédiate. (Voy. *service militaire*.)

D. Dans la marine, l'obéissance est-elle rigoureuse ?

R. L'obéissance est très rigoureuse dans la marine, et les peines qui frappent le matelot, ou le soldat de marine récalcitrant, sont plus sévères que celles qui atteignent le soldat de l'armée de terre.

D. L'insubordination du soldat, du matelot entraîne-t-elle de graves punitions ?

R. Oui. La prison. le cachot, les compagnies de disciplines, la dégradation, la mort, s'il y a voies de fait.

D. La désobéissance, dans l'ordre civil, est-elle un grand mal ?

R. C'est un grand mal par elle-même ; quand elle est réfléchie, elle est coupable.

D. Est-ce qu'il y a une différence entre la désobéissance involontaire et la désobéissance réfléchie, volontaire ?

R. Oui, la première peut être le résultat d'une étourderie ou d'une absence de mémoire, elle peut être excusée ou légèrement punie ; mais l'autre, à moins d'un motif sérieux, admissible, encourt une peine sévère.

Maximes

Qui contre l'aiguillon regimbe, se pique deux fois.

L'écolier docile.

— « Adieu ! petit chéri, vous vous rendez en classe
  Ne vous y faites pas punir.
— Non, maman ; pour cela que faut-il que je fasse ?
  — Une seule chose ; obéir.
— J'obéirai, maman. » Il tient si bien sa parole
  Que depuis lors on a plaisir
A le voir, tout joyeux, partir pour son école
  Et, tout joyeux en revenir.

X....

POÉSIE

Environné d'amis, mon fils, lorsque tu joues,
Je te vois les classer dans un ordre inégal.
Et l'éclair dans les yeux, la pourpre sur les joues,
Tu leur dis fièrement : « Moi, je suis général ! »
Pour te mettre à leur tête, es-tu donc le plus digne ?
Comment as-tu gagné le titre que tu prends ?
Et pourquoi demander qu'on se courbe à ton signe
Si tu n'as obéi d'abord aux derniers rangs ?
Commander, mon enfant, est un honneur suprême :
On ne peut l'exercer qu'après un long combat ;
Nul ne sait ordonner s'il n'a servi lui-même,
Et ne sera bon chef s'il ne fut bon soldat.

(TAILHAND.)

VI.

LE RESPECT. — LA DÉFÉRENCE.

Ce sont là deux qualités qu'un enfant ne doit jamais perdre, même et surtout quand il a grandi, quand il est plus apte à sentir, à comprendre la supériorité des personnes qui l'entourent, qui le guident, qui le conseillent.

Voulez-vous avoir une idée exacte de la grandeur du respect ? Apprenez, chers enfants, que chez les Turcs et les Arabes, un fils ne contredit jamais son père ; il ne paraît jamais devant lui que par son ordre, et il se tient debout jusqu'à ce qu'il lui ait ordonné de s'asseoir.

Parmi les peuplades sauvages de l'Amérique, un crime réputé affreux et sans exemple est celui d'une enfant rebelle à sa mère. Lorsqu'une jeune indienne a mal agi, sa mère se contente de lui jeter quelques gouttes d'eau au visage et de lui dire: « Tu me déshonores. » Ce reproche ne manque jamais son effet.

Que de nuances morales sont représentées par le plus ou moins d'accentuation de la courbe que dessinent le respect, la déférence !

L'esclave oriental se prosterne ;

Le lazzarone se plie en deux ;

Le Chinois se voûte jusqu'à terre.

L'homme civilisé, comprenant mieux sa dignité, s'incline. Il est humble, mais d'une humilité qui est la modestie respectueuse sans bassesse.

Et s'il en est qui demeurent debout, inflexibles dans leur orgueilleuse fierté, ou dans leur haine jalouse, ceux-là offensent la morale.

Pour vous, chers enfants, vous justifierez nos espérances en conciliant le respect de votre dignité avec les témoignages de respect et de déférence qui sont imposés par l'éducation, et en vous rappelant que l'humilité est l'aînée de toutes les vertus. Elle est le privilège des grandes âmes seules, qu'elle élève pour les dédommager, dans une proportion double de l'abaissement apparent auquel elle les oblige.

D. Qu'est-ce que le respect ?

R. C'est un sentiment intime de notre subordination. Il a sa cause soit dans les qualités, soit dans la dignité de la personne qui en est l'objet.

D. Comment se manifeste-t-il ?

R. Le respect se manifeste par un maintien, une attitude réservés, témoignages muets de déférence, et par tous actes extérieurs qui ne sont que la traduction, le signe du respect qui est dans notre cœur.

D. Qu'est-ce que la déférence ?

R. C'est la soumission mêlée d'égards, de respect, envers quelqu'un.

D. A qui doit-on ces témoignages de considération respectueuse ?

R. A nos parents, à ceux et celles qui nous ont élevés et instruits, — à la loi, — aux représentants de l'autorité, — au caractère, — à la dignité, — aux qualités, — aux supériorités sociales, — aux vieillards, — au malheur.

D. L'expression du respect et de la déférence doit-elle descendre jusqu'à l'humilité ?

R. L'humilité, sagement réglée par le tact, est tout simplement une manière polie de faire agréer son respect, sa déférence, qui n'abaisse point la dignité.

D. Qu'est-ce que la dignité ?

R. La dignité est la grandeur dans les sentiments ; elle se manifeste par un profond respect pour soi-même et par une noble simplicité dans les manières, dans toute la personne au moral et au physique, qui se distingue parfaitement de la raideur.

D. Expliquez-vous ?

R. La raideur est la caricature de la dignité, qui croit en imposer par l'exagération et l'affectation de son maintien toujours hautain.

D. D'où vient cette différence entre la dignité et la raideur ?

R. On peut affirmer qu'elle est le résultat d'une éducation dépourvue d'élévation morale, et d'une infirmité intellectuelle.

Maxime.

I. Honore le dévouement.

Le père Dubois.

Vous connaissez tous le père Dubois, l'invalide, comme on l'appelle.

Plusieurs fois, j'ai vu avec peine certains d'entre vous se moquer de lui parce qu'il lui manque un bras et qu'il a une vilaine jambe de bois.

Il n'a guère que quarante ans ; mais, il y a dix ans, il était un des plus forts du village, où il est revenu après avoir servi pendant quatre ans dans le régiment des sapeurs-pompiers de Paris.

Un soir qu'il venait de se coucher, il fut brusquement réveillé par le tocsin. « Au feu ! au feu ! » criait-on de tous côtés.

Quelques minutes lui suffirent pour se préparer et le voilà parti au pas de course vers la maison incendiée. Une pauvre femme malade pousse des cris de désespoir dans la mansarde où elle a été oubliée.

Dubois n'écoute que son courage, saisit une échelle, l'appuie au mur de la maison en feu, et, en une seconde, pénètre au milieu des flammes. Quelques instants après il reparaît, tenant entre ses bras la pauvre malade qu'il vient de sauver. Mais quand il veut redescendre, l'échelle à demi-brûlée ne peut supporter un double fardeau et les malheureux sont précipités dans le vide. La femme, par un hasard extraordinaire, ne se fit que des blessures légères ; mais Dubois s'est dans la chute cassé un bras et une jambe et aujourd'hui il est infirme. Qui de vous osera encore se moquer de ce brave qui n'a pas hésité à risquer sa vie pour sauver son semblable ?

(V. FILIPPI ET F. MAURIQUE.)

VII.

DIEU. — LA CONSCIENCE

Dieu est le souverain créateur du ciel et de la terre, père des hommes. Le premier hommage que l'on doit à la Divinité, c'est l'obéissance aux lois de Dieu. Enfants, vous arrivez à l'école ayant reçu ou recevant un enseignement religieux qui vous donne les premières notions de l'idée de Dieu, des traditions, des croyances et des pratiques d'un culte chrétien ou israélite. Au moyen de ce culte, vous avez également reçu les notions fondamentales de la morale éternelle et universelle, mais à l'état de germe naissant et fragile que l'enseignement de l'école primaire publique fera mûrir et enracinera dans vos âmes.

(Plan d'études arrêté du 27 juillet 1882.)

La conscience est le reflet de la Divinité. C'est l'œil de Dieu dans l'âme de l'homme. C'est un mentor sévère qui dit à l'enfant, sur le point de faire mal : « Arrête ! ce que tu vas faire est mal ! » au paresseux : « Tu es grand et fort, travaille ! » L'enfant qui écoute cette voix obéit à la voix de sa conscience qui ne nous conseille que le bien. Enfin, la conscience est sur la terre la sanction morale, la première et souvent la seule rémunératrice des bonnes actions et toujours la voix du remords dans l'âme du coupable.

D. Si jeune que l'on soit, sait-on si l'on fait mal ?

R. Dès l'âge le plus tendre, l'enfant sait quand il fait mal.

D. Qu'est-ce qui nous indique que nous faisons mal?

R. La conscience, cette voix intérieure qui ne nous trompe jamais.

D. Pourquoi n'écoutez-vous pas toujours la voix de votre conscience?

R. Parce que nos mauvais penchants nous entraînent : le paresseux n'a pas le courage de travailler ; l'orgueilleux ne veut vaincre sa vanité ; le prodigue ne veut borner ses dépenses ; le menteur ment, tout en sentant le rouge lui monter aux joues.

D. Il y a donc un combat en vous-même, lorsque vous vous conduisez mal?

R. Non. quand l'action est soudaine ; mais elle est bientôt suivie d'un regret. Oui, quand la réflexion précède l'action, il y a un combat réel entre les mauvais penchants et la conscience.

D. Que doit dire la conscience au fils méchant qui fait de la peine à ses parents?

R. La conscience lui dit malgré lui. malgré sa colère : « Tu es un méchant ; tu payes la tendresse de tes parents de la plus noire ingratitude. »

Maxime.

I. Le méchant n'est jamais seul ; sa conscience le suit partout.

La loi morale.

Il peut arriver que par un mensonge on se dérobe au châtiment ; il peut arriver qu'on trompe tout le monde et qu'on passe pour bon alors qu'on a été mauvais. Croyez-vous qu'on en soit plus heureux pour cela? Non, la conscience n'est pas satisfaite et ne vous laisse pas en paix.

Il n'y a pas d'homme qui n'ait une conscience.

Comme il y a en nous un instinct qui nous fait distinguer le plaisir et la souffrance, le froid et la chaleur, la lumière et les ténèbres, nous portons aussi en nous un instinct qui nous fait discerner le bien du mal.

Il n'est pas nécessaire d'être instruit pour savoir qu'il est mal de voler, d'abuser de sa force contre de plus faibles que soi, d'insulter ses parents, de faire punir ses camarades. On sait aussi très facilement qu'il est bien d'être obéissant à ses maîtres, de dire la vérité, de relever un homme qui tombe. Ces choses se sentent sans qu'on ait besoin de nous les dire.

Le petit enfant qui commence à parler sait aussi qu'il y a du bien et du mal. Voyez-le se cacher pour déchirer le papier qui tapisse la chambre, pour prendre les outils de son père, pour mettre la main dans l'armoire sur les friandises qu'il convoite.

Les sauvages aussi ont une conscience, ils savent qu'il y a des actions bonnes et des actions mauvaises.

Tous tant que nous sommes, petits, grands, sauvages ou civilisés, nous obéissons à la loi morale.

J. STEEG.

VIII.

LES DÉFAUTS DÉIFIES PAR L'ORGUEIL.

Si l'on écoutait une conversation de jeunes gens, on serait surpris d'entendre chacun étaler ses défauts et s'en prévaloir comme de choses charmantes : « Moi, je suis orgueilleuse. » dit, en se rengorgeant une jeune personne. Vous êtes orgueilleuse ? vraiment, cela se conçoit ; c'est si aimable, l'orgueil, qu'il y a lieu de s'en vanter ! « Moi, je suis paresseux, répond un jeune garçon, l'oisiveté c'est ma vie ! » Quelle gracieuse perspective pour l'avenir ! « Moi, je suis bavarde ; moi, je suis curieuse ; moi, coquette, » et, s'il y a vingt jeunes personnes réunies, elles sembleront, comme à plaisir, renchérir chacune sur leurs défauts.

En parlant ainsi, les enfants semblent ignorer les funestes conséquences de l'orgueil et de la vanité. Ah ! pauvre nature humaine, tu es tellement pétrie d'orgueil et de sottise, que tu déifies tes défauts au lieu de t'en corriger.

D. Qu'est-ce donc que l'orgueil ?

R. L'orgueil est une estime désordonnée des avantages qu'on a, ou qu'on croit avoir, qui fait qu'on se glorifie en soi-même et qu'on se préfère aux autres.

D. Qu'entendez-vous par le mot présomption ?

R. La présomption, c'est un défaut qui fait qu'on s'aime d'une manière déréglée, qu'on exagère ses qualités, qu'on a une trop haute opinion de soi.

D A quel signe reconnaît-on le présomptueux ?

R. Le présomptueux ou la présomptuense affecte des airs de grandeur, il affiche des prétentions hautaines, il s'enfle d'ostentation, il a faim de louange et ne cesse de la mendier ; toute supériorité le blesse, l'offense et l'irrite.

D. Faites-nous connaître la vanité ?

R. La vanité est un sentiment misérable qui nous excite à nous faire admirer des autres et qui nous rend aussi dupes que sots.

D. La vanité n'est-elle pas l'amour-propre qui se montre avec fracas ?

R. En effet, la vanité est opposée à la modestie, ce parfum du jeune âge, l'auréole de l'innocence, qui est l'amour-propre qui se cache.

D. La vanité ne gâte-t-elle pas le cœur ?

R. Oui, elle le rend égoïste et cruel à force de l'appauvrir.

D. N'a-t-elle pas aussi une action sur l'esprit ?

R. La vanité est un masque de petitesse d'esprit ; elle est si misérable, qu'on ne peut guère lui dire pis que son nom : elle se donne elle-même pour ce qu'elle est, et, s'il est quelqu'un que la vanité a rendu heureux, à coup sûr ce quelqu'un n'était qu'un sot.

Maxime.

I. Quand l'orgueil et la vanité cheminent devant, honte et dommage suivent de bien près.

L'épi stérile.

Tandis que ces épis qu'on coupera bientôt
Inclinent leurs fronts vers la terre,
D'où vient que celui-ci s'élève encore si haut ?
C'est qu'il n'a pas de grain dans sa tige légère.
(L.-A. BOURGUIN.)

Anecdote.

Un philosophe vit un homme couvert de pourpre, qui, fier de cet ornement, marchait avec beaucoup d'affectation, et voulant rabattre son orgueil, il lui dit : « Pourquoi tant de fanfaronades ? une brebis portait autrefois cette laine dont vous faites parade ; ce n'était pourtant qu'une bête. »

IX.

LE DESORDRE. — L'ORDRE.

Vous savez fort bien ce que c'est que le désordre. Vous savez qu'on appelle ainsi le manque de soin habituel qui caractérise le mauvais écolier, la mauvaise écolière. Vous savez que le désordre est la mort des habits et des jupes, des cahiers et des livres, car tout ressent les désastreux effets de cette négligence des mauvais élèves. Leurs cahiers sont mal tenus, leurs livres malpropres, leurs vêtements décousus, tachés, déchirés.

D. Quel tort le désordre des enfants cause-t-il à leur famille ?

R. Le désordre des enfants augmente les dépenses que font les parents ; il prive d'autant le père et la mère de l'enfant peu soigneux.

D. Le désordre, enfants, vous cause-t-il beaucoup d'ennuis ?

R. Oui, car bon nombre d'entre nous sont punis pour les livres égarés, oubliés, les vêtements salis ou déchirés, etc.

D. Qu'amène le désordre chez les enfants ?

R. Le blâme et les punitions.

D. Et plus tard dans la famille ?

R. Il amène la ruine.

D. Quelle est la qualité opposée à ce vilain défaut ?

R. C'est l'ordre, c'est à dire la bonne habitude de mettre à leur place nos effets, nos livres, etc., de prendre soin des choses qui nous appartiennent, de régler nos dépenses avec économie.

D. Quels avantages recueille-t-on en ayant de l'ordre ?

R. Les objets rangés avec ordre ne se perdent pas. s'abîment beaucoup moins vite, se trouvent tout de suite sous la main quand on en a besoin, sans qu'on perde de temps à les chercher.

D. L'ordre et l'économie sont donc bien utiles ?

R. L'ordre et l'économie sont indispensables pour faire une bonne maison et pour la soutenir ; sans l'ordre, sans l'économie, les plus grandes fortunes s'écroulent ; les positions médiocres deviennent impossibles.

D. La prospérité est donc la récompense de l'ordre et de l'économie ?

R. Oui, ce sont les causes principales de la réussite dans les affaires. Grâce à elles, règne l'aisance dans les petites positions, et par elles se font les plus grandes fortunes.

Maxime.

I. Une place pour chaque chose, chaque chose à sa place.

L'enfant soigneux.

C'est plaisir de voir un enfant propre ; c'est plaisir aussi de voir un enfant bien rangé, bien ordonné ; à la classe, il a son pupitre pour serrer ses livres, ses cahiers, ses plumes. Ce pupitre est comme une petite maison qui n'appartient qu'à lui.

Aimeriez-vous habiter une maison en désordre, où rien ne serait à sa place, où les chaises seraient jetées au hasard, dans les coins, où le pain traînerait par terre, où vous ne pourriez rien trouver à sa place habituelle ? Non, sans doute. Mettez donc vos livres dans un coin de votre pupitre, vos cahiers dans l'autre et ils ne se saliront point.

(E. PÉCAUT.)

La pauvre veuve.

« La femme d'un modeste employé de l'état civil était restée veuve avec quatre enfants. La pension était très modique, et pourtant il fallait faire vivre tout ce petit monde-là, tout en conservant une certaine apparence bourgeoise.

» Grâce aux bons soins et à l'esprit d'ordre et d'économie de la mère, les trois fillettes avaient toujours des robes fraîches et le petit bonhomme était toujours proprement vêtu ; il portait même, pour aller au collège, un caban d'étoffe écossaise qui lui donnait un petit air crâne, ce dont la maman était d'autant fière que c'était elle qui avait confectionné le caban.

» Et la brave femme, admirable de patience. d'activité et de courage, se levait le matin à cinq heures pour que ses fillettes eussent toujours des collerettes blanches. Souvent, à la fin du mois, on était gêné ; mais, si le repas était maigre, la table avec sa nappe blanche était toujours propette, et on y mettait un petit bouquet pour la fleurir et la parfumer.

» J'ai été témoin de la vie de cette simple et noble amie, et c'est parce que j'ai grandi auprès de cette femme que je suis devenu poète ; car, vous l'avez sans doute deviné, le petit bonhomme c'était moi ! »

(François Coppée.)

X.

LE MENSONGE. — LA DISSIMULATION. — LA VÉRITÉ.

§ 1er. — Le mensonge.

Le mensonge est un acte accompli dans l'intention de tromper. C'est une chose avilissante, malhonnête et partant odieuse. Le mensonge est l'infâme serviteur de tous les crimes, il mérite le plus sévère châtiment.

Si vous avez eu la lâcheté de mentir pour cacher une faute, dites-vous alors : « Je me suis à ce point avili ! comment oser maintenant avouer ma faute, convenir que j'ai menti ? eh bien ! j'en aurai le courage, et mes parents me pardonneront ; ils auront égard à mon repentir. » Avouons notre faute, au moins nous aurons la paix du cœur.

C'est ainsi, enfants, que la jeunesse doit se corriger : elle doit avoir honte de ses défauts, afin de remplir le but de la vie, qui est le *perfectionnement de soi-même*.

D. Pourquoi mentent les enfants ?

R. En général pour cacher une faute qu'ils auront commise, une maladresse, et le plus souvent pour ne pas être grondés.

D. Mais au moins le mensonge donne-t-il au menteur quelque tranquillité d'esprit ?

R. Non, car le menteur redoute sans cesse que sa fourberie soit enfin découverte par ceux qu'il a voulu duper.

D. Est-ce la crainte seule qui trouble ainsi l'esprit du menteur ?

R. Non, mais la conscience lui crie au dedans de lui-même : — *Menteur ! menteur !* tu as mal agi.

D. N'éprouve-t-on pas une grande honte lorsqu'un mensonge est découvert ?

R. Il y a dans la découverte d'un mensonge quelque chose de si bas qu'on reste confondu.

D. Croyez-vous qu'on ne pardonne pas plus facilement une faute qu'on avoue, qu'une faute qu'on s'obstine à nier ?

R. Assurément, car l'aveu d'une faute, c'est déjà le repentir.

Maximes.

I. Faire un mensonge pour cacher une faute, c'est faire un trou pour cacher une tache.

II. On ne croit pas le menteur, même quand il dit la vérité.

Ne mentez jamais.

Jeanne, assise auprès de sa mère, faisait des reprises à une serviette. Tout à coup l'on entendit un bruit extraordinaire dans la chambre voisine. Jeanne y courut ; elle aperçut alors son frère Henri tout rouge, et Minette, la petite chatte, qui se sauvait sous le buffet.

Sur le parquet gisaient les débris d'un beau vase :

« C'est au moins Minette qui est cause de cet accident ? » dit la mère en entrant à son tour.

Henri réfléchit un moment. « Non, maman, s'écria-t-il, c'est moi qui ai renversé le vase en courant après Minette. Je ne veux pas mentir ; je ne veux pas être un menteur. »

(Le Livre unique des Commençants.)

§ 2. — *La dissimulation. — La franchise.*

Dissimuler par une conduite réservée et digne, par le silence, la mauvaise impression que fait éprouver un manque de convenance, un affront, une injure que le respect de soi-même porte à mépriser, c'est du tact.

Mais la dissimulation qui consiste à déguiser sa pensée, ses actions pour tromper, est un des vices les plus bas qui dégradent notre espèce, car c'est le mensonge sans cesse en action, et c'est ce qui est indigne d'une honnête personne.

Il arrive fréquemment que l'esprit dissimulé se trompe lui-même ; il devient la victime de ses propres ruses et fourberies, qui sont les caractères principaux de la dissimulation, et descend lentement la pente du malheur sans rencontrer une main secourable, une sympathie généreuse.

Pourquoi ne pas dire tout de suite la vérité telle qu'elle est ? Il est, d'ailleurs, bien plus facile de parler sincèrement et simplement que de chercher à déguiser ou à armer la vérité, car lorsqu'on a commencé par un mensonge, même innocent, il n'est guère possible de n'en pas faire dix de suite.

La franchise est une faculté qui nous porte à exprimer notre pensée en toute liberté, sans crainte de déplaire. C'est une noble indépendance de caractère que l'intérêt privé ne saurait suborner.

Mais elle doit se régler avec prudence et discrétion, afin de se faire entendre et se faire souffrir.

Elle doit toujours être tempérée par une sensibilité vraie, que la crainte de blesser rend adroite, et ne jamais dégénérer en franchise brutale.

La franchise brutale est celle qui manque de bienveillance, qui est impolie et blessante

L'homme franc. ouvert, simple. n'a en lui rien de mystérieux ni de romanesque. Il a un esprit qui ne se perd pas en futilité. mais sa direction est toute pratique. C'est l'esprit du cœur et de la volonté, tout comme celui de la tête.

Cet homme reste confondu dans la foule, rarement on le voit figurer au premier rang ; pour être éclipsé par des individualités plus brillantes, il n'en est pas moins fort souvent le guide invisible, le régulateur de l'activité de la vie. du milieu où le sort l'a placé.

§ 3. — *La vérité*

D. Définissez succinctement la vérité ?

R, La vérité est ce qui est véritablement. Elle est le principe de la vie de toute chose.

D. Quel est le contraire du mensonge ?

R. Le contraire du mensonge, c'est la vérité.

D. Est-ce beau, la vérité ?

R. Oui, la vérité est belle, elle est grande, elle est courageuse, elle est sublime.

D. Quelques enfants, sous prétexte de dire aux autres la vérité, en profitent pour leur dire des choses désagréables et désobligeantes, en se justifiant par ces mots : *je suis franc, je suis franche.* Que pensez-vous de cette conduite ?

R. C'est à la fois un manque de charité, et une preuve d'incivilité. Sous prétexte de dire au prochain la vérité, se permettre l'injure, c'est se montrer injuste, méchant.

D. Quel effet produit un enfant qui dit toujours la vérité ?

R. Il produit une excellente impression sur ceux qui l'entendent, il s'attire leur bienveillance, mérite leur estime, et presque toujours obtient son pardon,

Maxime.

Pour un moment fuyez l'homme colère.
Et pour toujours, l'homme dissimulé.

Les lapins d'argent.

L'enfant. — Monsieur, je viens d'apprendre que Madame Brichet a quatre lapins d'argent ; c'est bien étonnant !

Le maître. — Des lapins d'argent ! Sont-ils vivants, au moins ?

L'enfant. — Je n'ose l'affirmer, monsieur ; d'ailleurs. c'est Alfred qui m'a conté la chose.

Le maître. — Eh bien ! Alfred, il paraît que vous avez vu les quatre lapins d'argent de Mme Brichet ; et vivants, par-dessus le marché ?

Alfred. — Moi ? Oh ! non, monsieur, j'ai parlé seulement de trois lapins.

Le maître. — Trois seulement et vous les avez vus ?

Alfred. — Oh ! non, monsieur, c'est Auguste qui m'en a parlé.

Le maître. — Voyons, Auguste, vous avez vu sans doute les trois lapins d'argent dont vous avez parlé à Alfred ?

Auguste. — D'abord, Monsieur, je n'ai dit que deux lapins, mais je crois qu'ils sont d'argent, parce que je le tiens de Gustave lui-même, le petit-fils de Mme Brichet.

Le maître. — Gustave ! Comment vont les deux lapins d'argent de votre grand'mère ?

Gustave. — Mais grand'mère n'a qu'un lapin d'argent, Monsieur.

Le maître. — Et vous l'avez vu vivant ?

Gustave. — Pour ça non, monsieur ; mais c'est grand'mère qui me l'a dit.

Le maître. — La voici justement qui passe. Madame Brichet, voudriez-vous entrer un moment ?... Excusez-moi de vous arrêter ainsi en chemin, mais c'est pour l'éducation de Gustave. Je voulais avoir des nouvelles du lapin d'argent que vous élevez avec tant de soins et dont Gustave nous a dit merveilles.

Madame Brichet. — Un lapin d'argent ? où a-t-il pris ça, grand Dieu ! J'ai un beau lapin argenté, d'une espèce russe dont le poil blanc nuancé de gris-bleu a le reflet de l'argent ; c'est sans doute de cela qu'il a voulu parler.

Le maître. — Vous voyez, mes enfants, où mène l'exagération et le mépris de la vérité. D'un lapin argenté, vous avez fait quatre lapins d'argent ! et vivants ! !

(Néel.)

XI.

HYGIÈNE DE LA PROPRETÉ.

« L'hygiène est l'art de conserver et d'améliorer la santé. Tout le monde sait que la santé est le premier des biens, et que, sans celui-là, tous les autres sont de peu de prix. Mais si la santé est nécessaire même à ceux que la fortune a favorisés, elle est indispensable à tous ceux qui vivent de leur travail, et dont c'est la première richesse.

» Pour conserver la santé, il faut éviter les causes de maladies, et se fortifier quand on est faible ; car plus on est robuste, mieux on résiste aux causes de maladies. C'est ce que l'hygiène enseigne ; et celui qui veut et qui peut en observer les préceptes évitera la plupart des maladies.

« Les notions d'hygiène, répandues tous les jours davantage, ont déjà porté leurs fruits : depuis le commencement de ce siècle, la moyenne de la durée de la vie humaine a augmenté de sept années, et, de trente-trois ans, elle est arrivée à quarante ans. La santé générale s'est aussi améliorée ; on sait mieux se soigner, et l'on voit disparaître ou s'amoindrir une foule de maladies qui étaient dues à l'ignorance des règles de l'hygiène.

» La médecine doit rester le privilège des médecins, mais l'hygiène doit être connue de tous. C'est ce que l'on a compris en faisant entrer l'hygiène dans le programme de l'enseignement public à tous les degrés. . . . .
. . . .

» Les soins du corps ont une importance capitale.

Il est indispensable, en effet, de toujours maintenir très activement les fonctions de la peau. La peau excrète ou rejette au dehors des matières grasses. de la sueur et de l'épiderme. La sortie de ces substances, qui dégage les organes intérieurs et contribue puissamment à l'entretien de la santé générale, est favorisée par les soins de propreté et, notamment, par les lotions, les ablutions, les bains . . .

. . . » Les lotions, les ablutions, c'est-à-dire le lavage des mains, de la figure et de l'intérieur des oreilles à l'eau pure, sont nécessaires au moins une fois par jour. Mais on joint souvent à l'eau l'emploi du savon, pour mieux débarrasser la peau de toutes les souillures. Le savon convient à tous les soins de la toilette, soit pour la peau des mains, soit pour celle du visage, soit pour le nettoyage des cheveux, soit pour les bains partiels ou généraux.

» Pour le lavage de la figure, on emploie indifféremment l'éponge ou la serviette.

» Pour les cheveux, les meilleurs préceptes à indiquer, c'est de les porter courts, de les faire couper environ tous les mois, et de les couvrir le moins possible. On doit les peigner et les brosser tous les jours ; car, là encore, la propreté est la première condition de la santé.

» Chez les élèves... des écoles, il faut surveiller de très près l'état de la chevelure. Le docteur Vernois, en parlant de certaines maladies parasitaires très contagieuses, comme l'*herpès tonsurant* et la *teigne faveuse,* dues à des végétaux microscopiques, ajoute : « On comprend quel soin il faut apporter dans la toilette des jeunes enfants dans la propreté de leur peignes..., du linge et des éponges dont ils se servent pour se nettoyer.

» La bouche exige aussi des soins particuliers. On se nettoie la bouche et les dents, avec de l'eau pure. tous les matins, et même après les repas, pour empêcher le séjour des débris alimentaires qui, en se décomposant, rendent l'haleine fétide et attaquent les dents . . . .
» Les bains et les ablutions ont, entre autres avan-

tages, celui de débarrasser la peau des résidus laissés à la surface, soit par la matière grasse contenue dans de petites glandes cutanées, soit par l'évaporation de la sueur, qui laisse un dépôt de matière saline et de matière animale, soit par la sécrétion de l'épiderme. . . . .

» Les bains chauds sont par excellence les bains de propreté . . . .

» En été, il convient de faire un usage modéré des bains de rivière.

» Tout le monde sait qu'il ne faut pas se mettre à l'eau immédiatement après avoir mangé ; il est bon d'attendre environ deux ou trois heures après le repas. Il faut également, quand le corps est en sueur, attendre que la peau soit sèche pour se baigner. En outre, il est bon de plonger d'un seul coup le corps tout entier dans l'eau, parce qu'alors il n'y a pas à craindre que le sang monte à la tête. »

(Dr Hector GEORGE.)

D. Que devez-vous faire le matin en vous levant ?

R. Après avoir souhaité le bonjour à nos parents, nous devons procéder à notre toilette : nous laver la figure, la bouche, les oreilles, les mains et peigner nos cheveux.

D. Est-ce simplement à cela que se bornent les soins de propreté ?

R. Non. Nous devons encore nous nettoyer les ongles, brosser nos effets d'habillement, sans y laisser la moindre ordure ni la plus petite tache.

D. N'avez-vous pas quelquefois recours à l'obligeance de votre mère pour vous laver et nettoyer vos effets ?

R. En effet, nous avons quelquefois besoin de notre mère pour nous nettoyer ; cependant, à notre âge, nous pouvons suffire seuls à l'entretien de notre propreté.

D. Que faut-il, d'ailleurs, pour s'entretenir dans une convenable propreté ?

R. Il faut simplement : de l'eau pour se laver, un linge pour s'essuyer, une brosse à cheveux, un peigne et une brosse à habit, et savoir s'en servir non seulement le matin en se levant, mais encore dans la journée quand la nécessité s'en fait sentir.

D. Pour être propres, faut-il que les vêtements soient neufs?

R. Nullement; on admet bien mieux un vêtement rapiécé qu'un vêtement troué, mais on ne pardonnera pas une tache de graisse ou de boue.

Maximes.

I. L'habit ne fait pas le moine, mais il le pare.

II. Fais honneur à tes habits, tes habits te feront honneur.

La toilette.

— Georges, as-tu soigneusement fait ta toilette?

— Oui, maman.

— Montre tes oreilles... dedans... derrière, oui, je le vois, elles sont propres. — Et tes ongles?.., Bien, ils sont nettoyés. As-tu fait aussi ce que je t'ai recommandé hier?

— Oui, maman. J'ai pris un linge et je me suis lavé tout le corps en frottant fort.

— Est-ce que tu as eu froid?

— Oh! non, maman, au contraire, j'ai eu bien chaud, et maintenant je me sens tout léger, tout dispos. Il me semble que je pourrais, sans me fatiguer, marcher toute la journée. Aussi je n'oublierai pas de recommencer tous les matins, même l'hiver.

(G. JOST et HUMBERT.)

XII.

LA COQUETTERIE.

Il ne faut pas confondre la propreté avec la coquetterie. La propreté est une vertu, la coquetterie est un défaut.

La coquetterie, c'est l'amour exagéré de la parure, l'admiration de soi-même, le sot désir de briller.

La coquetterie et la vanité, sœurs de l'égoïsme,

font qu'une jeune fille, qui pourrait être, aimable, ne songe qu'à elle au monde ; que, toujours entichée des choses extérieures et frivoles, elle apprend fort peu, ignore les choses utiles et sacrifie tout au vain désir de paraître.

Les coquettes ont le caractère égoïste, généralement maussade, capricieux et tyrannique ; elles s'aiment trop pour aimer les autres, la parure les absorbe ; elles sont suffisantes et hautaines même avec leurs parents, de qui pourtant elles tiennent tout.

Presque tous les tourments de l'intérieur viennent du luxe et de la coquetterie ; petit enfant, le cœur est desséché ; jeune fille, il est de pierre. La coquetterie et l'amour du luxe n'amenèrent jamais que le désordre dans les familles et les désastres dans les nations.

Peu à peu, les bonnes qualités font place aux mauvaises, grâce à la coquetterie ; les soins superflus du visage. l'amour de la toilette occupent toutes les facultés ; il ne reste plus rien pour la famille, pour l'étude, pour la raison.

Ce qui dispense de la coquetterie, ce qui suffit à faire remarquer un jeune homme, une jeune fille, c'est une excellente tenue, un maintien gracieux, des façons polies.

Le maintien est le miroir d'une jeune fille ; il reflète, pour l'observateur, toutes les nuances de son caractère et plus particulièrement de son éducation.

La convenance du maintien exclut :

La tenue prétentieuse,

Les airs moqueurs,

Les mouvements brusques,

Une contenance hardie.

Elle exige une attitude modeste et digne sans raideur.

Un jeune garçon donne aussi une haute idée de son éducation par la modestie de son maintien et la bonne grâce de ses manières.

D. Qu'est-ce donc que ce défaut de la coquetterie ?

R. La coquetterie, c'est l'amour de la parure, l'admiration de soi-même, le désir de briller.

D. Beaucoup de jeunes gens ont-ils ce défaut ?

R. Peu de garçons sont coquets, car les vêtements masculins comportent peu d'ornements ; on rirait d'un garçon coquet, et le ridicule guérit vite d'un défaut.

D. En est-il de même chez les jeunes filles ?

R. Non, les jeunes filles aiment la parure, et le désir de plaire mène à la coquetterie.

D. Quelles sont les compagnes de la coquetterie ?

R. Les compagnes de la coquetterie sont : la paresse, la prodigalité. le désordre.

D. Savez-vous où mènent ces défauts ?

R. Ces défauts mènent à la ruine, à la misère.

D. Quelles sont les bonnes qualités opposées au vain désir de paraître et à la prodigalité ?

R. Ce sont : la simplicité, l'ordre, l'économie.

D. Qu'est-ce que la simplicité ?

R. La simplicité est la droiture de l'âme, l'ignorance de son propre mérite, la vérité d'un caractère naturel et droit ; c'est l'éloignement du faste, de l'affectation et de la recherche des hommages.

D. Les jeunes demoiselles ne doivent-elles pas être toujours simples, modestes dans leur mise, et économes ?

R. Oui, une jeune personne perd tout son charme, lorsqu'elle cesse d'être simple et modeste.

D. Qu'est-ce qui rend une jeune fille charmante ?

R. La douceur du regard, la bonté du sourire, la grâce naturelle, la bienveillance du langage et la simplicité de la mise.

D. Est-ce seulement à la simplicité et à la propreté de sa mise qu'on reconnaît l'écolière soigneuse ?

R. A d'autres signes encore, on distingue l'écolière soigneuse ou l'écolière négligente. Le pupitre de l'écolière est, en quelque sorte, l'image de l'armoire de la jeune personne, et l'image de la maison de la mère de famille : tout doit y être propre et bien rangé.

D. En est-il de même de l'écolier ?

R. On apprécie aussi l'ordre de l'écolier par la tenue de son pupitre, et sa propreté par la tenue de sa petite personne.

XIII.

L'ENFANT DANS LA FAMILLE.

« Cet âge est sans pitié, » a dit La Fontaine en parlant de la jeunesse. Qu'il connaissait bien la nature humaine le grand fabuliste ! Oui, cet âge est sans pitié ; car voici un ménage troublé par la méchanceté d'un enfant qui devrait en être la joie, d'un enfant que ses parents chérissent, qu'ils gâtent et qu'ils adulent depuis sa naissance ! Regardez-le ; sa mère vient de lui infliger une punition. Si elle a pris le parti de le châtier, c'est bien malgré elle ; mais elle ne pouvait faire autrement. Tant de fois déjà elle l'avait averti, menacé même, et lui il s'était complu à désobéir. En ce moment, loin de se montrer soumis, il pleure, il crie, il fait une scène. C'est que l'enfant est l'égoïsme en personne et l'on dirait qu'il éprouve une joie réelle à se venger d'une réprimande, d'une punition ; une scène le rendra heureux.

Ce petit prodige de méchanceté naissante, qui veut gouverner sa mère au lieu d'être gouverné par elle, c'est un enfant gâté, c'est un enfant égoïste.

Bien plus que le père de famille, la mère a l'occasion de réprimander les enfants. Aussi est-ce le plus ordinairement la pauvre maman qui a le plus à souffrir. Veut-elle réprimer le désordre naturel à l'enfant, qui ignore la valeur de l'argent et des choses, la maman doit surveiller sans cesse la conduite de ses enfants ; veut-elle qu'on s'occupe, qu'on étudie, la pauvre mère doit encore supporter les airs maussades, les larmes et quelquefois davantage. Le père, après les heures d'un travail pénible, croit en rentrant chez lui être reçu à bras ouverts, le rire aux lèvres, la joie dans les yeux, et il trouve un enfant qui pleure. Etonné, il s'arrête et demande, comme il l'a si souvent demandé : « Qu'est-ce qu'il y a encore ? — Maman m'a grondé, répond en sanglotant le malicieux enfant. — ... Pauvre chéri, ne

pleure plus, va embrasser ta mère, elle te pardon
nera, n'est-ce pas ? » Et, à demi-voix, le bon père
ajoute : « Tu le grondes trop, cet enfant, ce sont les
vacances, il faut être plus indulgente à son égard. »

Dieu veuille que la mère de famille soit assez
maîtresse d'elle-même pour garder le calme, qui est
le seul remède dans toutes les difficultés de la vie !
Dieu le veuille, car la maman, qui ne demande qu'à
pardonner, pardonnera et tout sera fini dans un
tendre baiser Mais si malheureusement il y a in-
compatibilité de caractère entre le père et la mère,
des contrariétés naissent, dont cet enfant est la
cause. Il se demande parfois, dans sa naïveté, quelle
faute il a commise ? La voici : au lieu d'être pour
ses parents un sujet de joie, il a été une cause de
trouble et de discorde ; et s'il ne voit pas quelles ont
été les funestes conséquences de sa conduite, et si
cet exemple d'un désaccord entre son père et sa
mère, à son occasion, ne suffit pas pour le corriger,
c'est que cet enfant a un mauvais cœur ; il mérite
une correction sévère, égale à son infâme conduite.

Prenez bien garde, chers enfants, d'être une cause
de chagrin pour vos parents, vous qui devez en être
la consolation. Aimez-les assez pour les respecter
toujours et recevoir leurs observations avec soumission. Songez qu'un enfant, fille ou garçon, quelque dévoué qu'il soit, ne rendra jamais à ses parents
la millième partie des bons soins qu'il en a reçus
depuis sa naissance, et retenez bien ceci : l'enfant
méchant pour son père ou sa mère est maudit de
Dieu et des hommes.

Revenons à cette tolérance qui laisse sans correction l'insinuation de l'enfant à indisposer son père
contre sa mère pour se venger d'avoir été grondé
par elle.

D. Ne pensez-vous pas que cette tolérance peut
exercer sur le cœur et l'esprit de cet enfant une
influence nuisible à son avenir ?

R. Cela se peut bien.

D. Vous n'en saisissez pas de suite les conséquences. Abordons-les. Comment appelez-vous l'en-

fant qui se plaît à raconter tout ce que font et disent les autres enfants ?

R. Nous l'appelons un rapporteur,

D. Ne voit-on pas des enfants prodiguer leurs hypocrites caresses à leur père, dans le but de l'indisposer contre leur mère, pour se venger d'avoir été grondés par elle ?

R. Cela se voit trop souvent et cause même plus d'un chagrin dans les familles.

D. N'est-ce pas honteux ?

R. Oui, c'est lâche, car l'enfant aimé de son père et de sa mère, s'il a du cœur, doit être affligé de voir du chagrin dans la famille à cause de lui.

D. Eh bien ! cet enfant n'est-il pas un rapporteur ?

R. Sans doute, c'est même un rapporteur de la pire espèce, car il agit avec une intention méchante,

D. Il y a donc plusieurs espèces de rapporteurs ?

R. Oui, il y a, le rapporteur par vengeance et par méchanceté — et ceux par légèreté et par malice.

D. De quelle considération jouit le rapporteur dans l'esprit de ses condisciples ?

R. D'aucune considération, il est craint et méprisé.

D. Y a-t-il quelque lien de parenté entre le rapporteur et le dénonciateur ?

R. Tous deux sont de la même famille.

D. Voilà donc le rapporteur confondu, du moins dans votre pensée, avec le dénonciateur. Le délateur est-il aussi de la même famille ?

R. Oh ! non. C'est une bassesse de sentiment de dénoncer un fait, une action, un tort quelconque intimes et qui ne devaient pas être divulgués, pouvant compromettre quelqu'un. Mais ce sentiment devient odieux quand il a le caractère de délation.

D. Qu'est-ce donc qu'un délateur ?

R. Le délateur est celui qui, mû par des passions honteuses, accuse, dénonce à faux pour perdre quelqu'un dans un but intéressé.

D. Croyez-vous que l'enfant rapporteur, dénonciateur soit assez peu soucieux de sa dignité en devenant homme, en devenant femme, pour descendre au rôle de délateur ?

R. Il est fatalement conduit à commettre cette

infamie par ses précédents et par la négligence de son éducation.

D. Comment est-il vu dans le monde ?

R. Avec répugnance et indigne d'égards.

Les progrès de la civilisation ont fait justice d'un grand nombre de délateurs, et, s'il s'en trouve encore, ceux-là cachent leur honte sous le voile d'une impudente audace.

C'est le patriotique sentiment de l'honneur, profondément empreint au dedans de nous par l'éducation morale, qui nous inspire l'horreur d'une coupable dénonciation, d'une infâme délation.

« Philippe II, roi d'Espagne, ayant accordé une amnistie générale à une ville rebelle, à l'exception de quelques personnes, un courtisan l'avertit du lieu où s'était caché un gentilhomme qui n'était pas compris dans l'amnistie : « Vous feriez mieux, lui dit ce prince, de lui aller dire que je suis ici que de me dire le lieu où il est. »

Ayez donc, chers enfants, une répugnance invincible pour tout ce qui est faux, vil et bas !

XIV.

LA TENUE A TABLE.

Il faut apprendre de bonne heure à se bien comporter à table, — y avoir une attitude convenable, — une grande propreté, — et n'être pas importun à ses voisins.

L'enseignement de l'éducation dans ses plus petits détails peut paraître puéril à certaines personnes, et cependant c'est par ces petits riens que l'on apprécie le degré d'éducation et le milieu dans lequel l'enfant a été élevé.

D. S'il manque quelque chose à table, quel est le devoir de l'enfant de la maison ?

R. Son devoir est de se déranger tout de suite, s'il est chez lui, et d'offrir l'objet demandé.

D. L'enfant doit-il tendre son assiette et demander ce qu'il désire ?

R. Non, l'enfant bien élevé doit attendre qu'on le serve et ne jamais dire : « Je veux de ceci ; je ne veux pas de cela ; » à moins qu'il ne soit interrogé à ce propos.

D. Comment refuser quelque chose ?

R. On refuse en disant : « Je vous remercie, je n'en désire pas. »

D. Comment doit-on passer un objet à quelqu'un qu'une personne sépare de vous ?

D. On fait parvenir cet objet en priant la personne qui est près de vous de le remettre à son voisin de table.

D. Est-ce convenable de prendre vivement et d'arracher des mains un objet qu'on désire ?

R. Il est très grossier de prendre un objet vivement ; mais l'arracher, c'est tout ce qu'il y a de plus inconvenant. La grossièreté des manières et des mœurs dénonce toujours la grossièreté de l'intelligence et du cœur.

D. Est-il permis aux enfants de se servir à table ?

R. Jamais les enfants ne doivent toucher aux plats, pas plus qu'aux bouteilles et aux carafes.

D. Que penser d'un enfant qui met ses coudes sur la table ?

R. Que cet enfant est bien mal élevé ; jamais les bras ne doivent être avancés que jusqu'aux poignets.

D. Que penser d'un enfant qui boit la bouche pleine ?

R. L'enfant qui boit la bouche pleine risque de s'étrangler et a l'air d'un glouton.

D. Quel est le soin à prendre après avoir bu ?

R. Lorsque l'on a bu, on doit s'essuyer la bouche avec sa serviette.

D. Doit-on souffler sa soupe quand elle est trop chaude ?

R. Non, on doit attendre qu'elle se soit refroidie.

D. Est-il convenable de porter son assiette à sa bouche pour boire son bouillon ?

R. Non, on boit son bouillon avec sa cuillère.

D. Doit-on couper toute sa viande en morceaux avant de manger ?

R. On ne doit couper sa viande en morceaux qu'à mesure qu'on la porte à sa bouche.

D. Que doit-on faire des os après avoir mangé la viande ?

R. On doit les poser sur les bords de son assiette.

D. Doit-on tenir son couteau à la main en mangeant à table ?

R. Non, on ne doit prendre son couteau à la main que pour s'en servir, et le replacer sur la table aussitôt après.

D. Doit-on parler la bouche pleine ?

R. Non, on doit craindre et éviter les éclaboussures.

D. Doit-on mordre dans son pain ?

R. Non, il n'est pas convenable de mordre dans son pain ; on le rompt par petites bouchées.

D. Est-ce mal de gâcher le pain, d'en pétrir ou d'en jeter la mie ?

R. Oui, c'est très mal de jeter le pain, de gâcher ou d'en pétrir la mie ; le pain, c'est la nourriture de tous ; il est bien dur à gagner, bien amer à demander.

D. Certaines personnes ont l'usage à table de se curer les dents. Trouvez-vous que cela soit convenable ?

R. Non, c'est manquer de propreté.

D. Expliquez-vous.

R. En se passant un petit instrument dans les dents pour en détacher quelques parcelles alimentaires, on s'expose à éclabousser ses voisins de table.

Maximes.

   I. Du potage au dessert
      Sans parler, sois expert.
  II. Ne prends pas ta nourriture
      Comme le pourceau la sienne.
 III. Il faut manger pour vivre,
      Et non vivre pour manger.
 IV. Grand'chère, petit testament.

Anecdote.

« M. X..., se croyant très habile dans la connaissance de l'étiquette à table, se vantait d'en remplir parfaitement les usages pendant le dîner.

» M. Z..., pour lui prouver qu'il se trompait, lui fit, un jour qu'ils dînaient ensemble chez un ami commun, les observations suivantes :

» 1° Vous avez déployé votre serviette, vous l'avez étendue sur vous et attachée par un coin à votre boutonnière. C'est bien ainsi qu'on met la serviette aux enfants ; mais, à votre âge, c'est une inconvenance. On n'étale pas sa serviette, on se contente de la mettre sur ses genoux.

» 2° Vous avez mangé votre soupe avec une cuillère d'une main et votre fourchette de l'autre : une fourchette pour manger la soupe, grand Dieu !

» 3° Vous avez demandé du bouilli, tandis qu'on doit demander du bœuf.

» 4° Vous avez demandé de la volaille, malheureux ! au lieu de demander du poulet. On ne parle de volaille que dans la basse-cour.

» 5° Avant de demander à boire, vous avez soufflé dans votre verre et vous l'avez essuyé avec votre serviette : c'est une injure à la propreté de la maison.

» 6° Chaque fois qu'on vous offrait à boire, vous vous avisiez de prendre les verres de vos voisins de table et de les faire remplir avant le vôtre ; c'est encore une inconvenance.

» 7° Une autre inconvenance plus sensible encore : chaque fois qu'on vous offre un plat, au lieu de le conserver pour vous, vous le passez à votre voisin de table ; vous le croyez donc plus digne que vous d'être servi le premier ? Vous blessez le maître de la maison en laissant supposer qu'il s'est trompé en vous accordant la préférence sur la personne qui est l'objet de votre attention.

» 8° Au dessert, vous avez mis des bonbons dans votre poche. C'est le comble du ridicule.

» 9° On vous a versé du café très chaud, et vous l'avez versé par petites parties dans votre soucoupe, et l'avez bu à chaque fois, ce qui ne se fait jamais ; on boit son café dans la tasse.

» 10° Enfin, pour comble d'infamie, en vous levant de table vous avez plié votre serviette, comme si vous pensiez qu'on en pouvait faire un usage quelconque avant qu'elle eût passé chez la blanchisseuse, ou comme si vous aviez l'intention de revenir le lendemain. »

XV.

LA RECONNAISSANCE. — L'INGRATITUDE.

§ 1er. — *La reconnaissance.*

Si l'on interroge les enfants qui fréquentent les écoles, ils répondent tous qu'ils ont une bien vive tendresse pour leurs parents, et qu'ils aiment leurs maîtres et maîtresses ; ils comprennent donc le sentiment de la reconnaissance, puisqu'ils déclarent le pratiquer.

D. Qu'est-ce donc que la reconnaissance ?

R. C'est un sentiment affectueux, juste retour qu'inspirent les services qu'on nous a rendus, les bienfaits dont nous avons été l'objet.

D. Que seront, pour leurs parents, les enfants qui ont de la reconnaissance ?

R. Ils seront pour eux pleins d'amour et de respect, et ils diront avec fierté : « Voici mon père, voici ma mère, dont les mains laborieuses, à force de travail, ont fait de nous des enfants utiles à la société. »

D. Le père et la mère de ces enfants, que penseront-ils d'eux ?

R. Ils les béniront chaque jour ; leur vue sera pour eux semblable à un rayon de soleil ; leur joie sera grande en répétant : « Avec tant d'honneur, tant d'éducation et d'instruction, être si bons et si simples, voilà bien le modèle des fils, le modèle des filles. »

D. La reconnaissance n'est-elle due qu'aux parents ?

R. Non, nous devons, en toutes circonstances, envers toute personne, témoigner notre reconnaissance pour un service qu'on nous a rendu, pour une récompense qu'on nous a accordée, pour une faveur que nous avons obtenue. En un mot, nous devons nous montrer reconnaissants envers tous ceux qui nous obligent.

D. Comment témoignerez-vous votre reconnaissance ?

R. Nous pouvons témoigner notre reconnaissance en envoyant notre carte de visite à la personne qui en est l'objet.

D. Quel usage courant fait-on de la carte de visite ?

R. Dans le monde, lorsqu'on ne rencontre pas chez elle la personne que l'on désire voir, on y dépose sa carte.

D. Que signifie-t-elle ?

R. Elle signifie l'intention d'accomplir un acte de déférence, ou un simple témoignage de bonne relation.

D. L'envoi d'une carte, considéré comme l'expression d'un souvenir d'amitié, d'un acte de respect, de déférence, convient-il pour exprimer sa gratitude?

R. Il nous semble que l'envoi d'une simple carte serait un témoignage muet, qui pourrait être interprété comme une indifférence du sentiment de gratitude que l'on veut exprimer.

D. Alors, que lui préférez-vous ?

R. Nous croyons plus convenable, si la personne objet de cette gratitude demeure dans la même ville que nous, par exemple, d'aller en personne la remercier.

D. Et si elle demeure ailleurs que chez vous, que ferez-vous ?

R. Dans ce cas, nous lui adresserons une lettre de remerciement.

D. Devez-vous attendre qu'on vous demande un service, ou devez-vous en prendre l'initiative ?

R. Il y a des circonstances exceptionnelles où la générosité des sentiments nous pousse à prendre l'initiative ; mais, hors ces cas fort rares, on ne doit pas provoquer la confiance qui ne vient pas à nous librement. Le contraire est l'œuvre des officieux.

D. Avant de vous engager à rendre un service qui vous est demandé, que devez-vous faire ?

R. Nous devons examiner s'il nous est possible d'être réellement utile, et ne pas nous exposer, par un fol amour-propre, à une amère déception.

D. Mais, dès que vous avez pris l'engagement de rendre un service, comment devez-vous vous en acquitter ?

R. Nous devons mettre la plus grande diligence à remplir notre promesse, à moins qu'il ne faille attendre et choisir un moment opportun, pour agir avec plus de certitude et de succès.

D. Quand cela se trouve réalisé, que le résultat de vos démarches soit bon ou mauvais, devez-vous prendre la peine d'informer la personne intéressée à connaître ce résultat ?

R. Oui.

D. Pourquoi ?

R. Parce que la discrétion s'impose à la personne qui attend un acte d'obligeance, et que, s'il ne lui était pas donné connaissance de ce résultat, elle pourrait accuser notre négligence ou notre mauvais vouloir.

D Devez-vous à cette personne une visite personnelle, ou simplement une communication par écrit ?

R. On témoigne un plus vif intérêt par une démarche personnelle faite de bonne grâce ; dans l'impossibilité de la faire, on écrit.

D. Vous reconnaissez qu'il est absolument convenable d'exprimer votre gratitude à l'occasion des actes d'obligeance dont vous êtes honorés. Mais devez-vous prétendre à la reconnaissance des personnes que vous avez obligées ?

R. Sans prétendre à leur reconnaissance, nous ne devons point agir de façon à ne pas la mériter.

D. Est-ce que celui qui rend un service peut ne pas mériter la reconnaissance qui lui est due ?

R. Certainement. Celui qui oblige sans délicatesse, ou qui reproche le service qu'il a rendu, n'a plus droit à la reconnaissance.

> Il faut, autant qu'on peut, obliger tout le monde,
> On a souvent besoin d'un plus petit que soi.

Reçoit-on un bienfait, qu'un bienfait y réponde.
Il se faut entr'aider, c'est la commune loi.

(L. M. DE L.)

§ 2. — *L'ingratitude.*

L'ingratitude est un sentiment qui nous laisse indifférent envers nos bienfaiteurs : nous allons même jusqu'à nous imaginer que les soins que nos maîtres et maîtresses prennent de nous sont des attentions qui nous sont dues.

D. Que trouvez-vous à dire de cette conduite ?

R. Quelle est honteuse et insensée ; elle provient souvent de notre étourderie, plutôt que de notre volonté.

D. Qu'est-ce que l'étourderie ?

R. C'est le défaut d'attention, l'habitude de céder aux premières impressions, sans examiner quels en seront les résultats.

D. Que conclure de l'étourderie des enfants ?

R. Que l'étourderie fait autant de mal que la méchanceté, et que l'étourdi devient une personne vulgaire.

D. Quels sont les autres résultats de l'étourderie ?

R. 1º Ce défaut cause tous les ennuis, tous les chagrins de l'enfance. — 2º Les années s'écoulent, et les écoliers et les écolières étourdis arrivent à l'âge où il quittent l'école, le plus souvent, sans avoir rien appris. — 3º Plus tard, leur ignorance entretient leur ingratitude.

D. Que penser d'un jeune homme, d'une jeune fille, qui, ayant reçu de l'éducation et de l'instruction, s'imagineraient être au-dessus de leurs parents ?

R. On penserait, d'abord, que ces enfants n'ont pas reçu une bonne éducation, car la bonne éducation élève les sentiments ; puis on conclurait que ce sont des orgueilleux, des méchants, des ingrats qui ont un mauvais cœur.

Maximes.

I. Écrivez les injures sur le sable, et les bienfaits sur le marbre.

II. Obliger un ingrat, c'est acheter la haine.

XVI.

LA VÉRITE CACHÉE SOUS LA FABLE.

« Sur le bord d'un chemin, une vieille femme est assise. elle tend la main. Deux belles jeunes filles viennent à passer : l'une a bon cœur, elle ouvre sa bourse, et. avec la grâce de la charité. elle lui donne une pièce blanche. en lui disant : « Courage. bonne mère, Dieu ne vous abandonnera pas. » — L'autre sœur, fière et dure, jette un regard dédaigneux et passe. La vieille se lève, étend la main vers les jeunes filles. et s'écrie : — A toi, que touchent le malheur et le grand âge ; à toi, âme tendre, tous les bonheurs, toutes les joies ; de tes lèvres tomberont les perles. les fleurs, les rubis, dont tu feras des heureux. A toi, jeune fille, qui n'as pas de pitié pour les malheureux, l'horreur et l'abandon ; de tes lèvres sortiront les crapauds, les serpents, les araignées. les reptiles. images de ton cœur.

» Une fête attendait les jeunes demoiselles au logis : la bonne fille s'avance. salue la compagnie, et. aussitôt. les fleurs, les diamants, les saphirs, se répandent autour d'elle. L'orgueilleuse souhaite la bienvenue aux conviés. mais tout le monde recule d'horreur ! Serpents, couleuvres, crapauds. s'échappent de ses lèvres. et l'infortunée se sauve en comprimant sa bouche et en gémissant de honte et de désespoir. »

O vous qui êtes bonnes : les fleurs, les rubis, ce sont vos discours qui consolent. qui charment et qui enchantent.

O vous qui êtes méchantes, envieuses. hautaines: vos médisances. vos calomnies, vos méchants procédés, vos ingratitudes. vos perfidies, ce sont les reptiles aux morsures empoisonnées.

Méditez cette légende, jeunes gens ; la vérité est cachée sous la fable.

XVII.

LA MÈRE DE FAMILLE PAUVRE SUPPLÉEE DANS L'ÉDUCATION DE SES ENFANTS.

Pour la mère de famille qui n'a ni le temps ni les moyens de commencer l'éducation du premier âge, où l'enfant n'est encore qu'une personne morale en germe et en espérance, ni de lui continuer cet enseignement à mesure qu'il avance en âge, la crèche, la salle d'asile et l'école suppléent à cette insuffisance et lui tiennent lieu de famille.

De la crèche. où l'enfant n'a encore reçu que des soins physiques et un commencement de bien-être matériel et moral, il descend à l'école maternelle, où il est admis à deux ans.

Là on dépose dans son âme le germe des sentiments moraux, et l'on met en elle de saines habitudes, tantôt par une lutte contre ses instincts égoïstes, tantôt en ajoutant à ses inclinations le poids de l'exemple et du commandement, des punitions et des récompenses.

A sa sortie de l'école maternelle, à six ans, l'enfant entre à l'école primaire pour y recevoir l'instruction intellectuelle et civique, et pour y continuer son éducation morale, afin que, en même temps que son esprit s'enrichit de connaissances, son âme s'élève dans le respect de la dignité, dans l'élévation des sentiments, dans la grandeur morale.

Et, toujours suppléant la mère, l'éducateur, fidéle à sa mission, achève son œuvre. Il s'applique avec sollicitude à former le caractère de l'enfant, à tremper son âme, à relever son courage et à entretenir autour de lui une atmosphère de générosité et de dévouement.

CHAPITRE III.

De l'éducation morale dans l'école primaire.

La fréquentation de l'école avait toujours été laissée à la disposition des familles. Mais un dernier recensement a fait connaître que 450,000 enfants étaient encore privés de l'enseignement primaire, et c'est pour les appeler au partage de ce bienfait et, en même temps, pour mettre fin à l'indifférence de certaines familles qui négligeaient d'envoyer leurs enfants à l'école, que sont intervenues de nouvelles lois protectrices de l'enfance :

D'abord, celle du 16 juin 1831, « établissant la « *gratuité absolue* de l'enseignement primaire dans « *les écoles publiques.* »

Puis, celle du 28 mars 1882, ainsi conçue :

« ART. 4. — *L'instruction primaire est obliga-* « *toire* pour les enfants des deux sexes âgés de six « ans révolus à treize ans révolus. Elle peut être « donnée, soit dans les établissements d'instruction « primaire ou secondaire, soit dans les écoles pu- « bliques ou libres, soit dans les familles, par le « père de famille lui-même, ou par toute autre per- « sonne qu'il aura choisie.

« ART. 6. — Il est institué un certificat d'études « primaires ; il est décerné après un examen public « auquel pourront se présenter les enfants dès l'âge « de onze ans. Ceux qui, à partir de cet âge, auront « obtenu le certificat d'études primaires seront dis- « pensés du temps de scolarité obligatoire qui leur « restait à passer. »

Cette obligation absolue de fréquenter l'école primaire, enlève à la rue, aux places publiques, ces

malheureux enfants victimes de l'indifférence ou de
la cupidité de leurs parents. En leur enseignant l'é-
ducation morale, en leur apprenant que le travail
est une nécessité suprême, et la loi même de la vie,
qu'il est la grandeur, la dignité, l'indépendance de
l'homme, la société profite de leur bonne nature, que
l'ignorance pervertit aisément.

I.

§ 1er. — *Ce que l'école se propose.*

L'école se propose, en prenant les enfants dès l'âge
de six ans, dans l'innocence de leur âme, de les
élever et de les *instruire*, de mettre en action, successivement, lentement, sans fatigue, toutes les
forces, toutes les puissances de leurs facultés morales et intellectuelles ;
De les élever avec la sollicitude d'une mère, avec
la vigilance éclairée d'un père, avec un libre et généreux dévouement ;
D'élever leur cœur ; de donner de la dignité à leur
âme ; de former leur caractère, leur conscience,
leur sensibilité ; de décider, de contenir, arrêter ou
diriger leur volonté ; de déraciner les mauvais penchants ; de corriger les défauts ; de prévenir l'éveil
des mauvaises passions, et de les préparer à la vie
sociale.
L'école se propose aussi de leur donner des connaissances ; de pourvoir leur esprit ; d'élever leur
raison, leur pensée, leur imagination, leur jugement ; de les exciter à apprendre par la lecture, et
garder le goût des bons livres, le respect de l'esprit, la passion des idées justes. Mais ces études
intellectuelles demandent à être dirigées avec une
libéralité intelligente, afin d'entretenir le goût des
enfants pour le milieu où ils sont nés, où ils sont
élevés ; pour les maintenir et leur faire aimer le
genre de vie que mènent leurs parents, les travaux
et les soins auxquels ils s'adonnent ; pour faire aimer aux enfants des campagnes le séjour du village,

la vie des champs. L'école primaire ne doit distraire de ce milieu des familles, que les aptitudes réelles aux emplois publics, aux professions libérales et, plus particulièrement, les rares intelligences d'élite qui ont besoin, pour se développer et grandir, d'une sollicitude exceptionnelle.

Enfin. l'école se propose encore d'élever les enfants dans l'amour de ce qui est honnête ; de les former à l'enthousiasme pour ce qui est noble. élevé, généreux ; à la passion pour ce qui est grand et sublime ; d'en faire l'honneur et la considération des familles, les amis de la paix et de l'ordre public ; de leur inspirer le respect des lois et de l'autorité, l'amour de la patrie, le zèle pour ses intérêts, et le dévouement pour sa gloire.

§ 2. — *Intervention des instituteurs et des institutrices dans l'éducation de leurs élèves.*

L'éducation commence dans la famille, se continue dans l'école et s'achève dans le monde, sans que le père et la mère abdiquent jamais leur direction, leur surveillance et leur autorité.

Dans la famille. elle est l'œuvre collective de la mère et du père de l'enfant. Dans l'école, elle est l'œuvre de l'instituteur et de l'institutrice.

Il est dans la nature des choses et dans les nécessités humaines. que la famille puisse appeler à son aide un enseignement qui complète le sien, et cet enseignement est l'école, dont le véritable but est de mener de front l'éducation. en lui maintenant son caractère propre et normal, avec les connaissances utiles à la vie. et de conserver à la jeunesse cette base essentielle de sa formation intellectuelle et morale.

Il n'est pas de mission plus haute que celle de suppléer le père et la mère dans l'éducation de leur enfant. quand ils sont impuissants à la donner eux-mêmes, ou bien d'y concourir avec eux. Cette responsabilité est grande : les plus sincères, les plus fermes dévouements ne sont pas exempts d'inquiétude en l'acceptant.

C'est que. de même que le père et la mère de l'enfant confié à leurs soins, l'instituteur, si c'est un
garçon, l'institutrice, si c'est une fille, ont la charge
de l'élever, de joindre leurs efforts à ceux de la famille, leur concours à l'enseignement de l'éducation.

L'instituteur et l'institutrice ont encore la mission d'initier leurs enfants, par des leçons ineffa-
çables et par de bons exemples, au sentiment de leur
dignité, au sentiment non moins profond de leurs
devoirs et de leur responsabilité personnelle, au but
de la vie. qui est le perfectionnement de soi-même,
et à ce culte général du bien, du beau, du vrai, qui
est aussi une forme du sentiment moral.

Ces maîtres et maîtresses. ont, à un haut degré,
la faculté d'enseigner cette éducation, qui est leur
joie dans le présent, leur espérance dans l'avenir,
la gloire et l'honneur de leur vieillesse.

Cet enseignement. dans l'école, se donne libérale-
ment avec cette chaude éloquence qui vient du cœur
et, en même temps, avec cette autorité que donne
seule une inébranlable conviction. et qui fait fuir le
doute et tomber l'objection chez ceux qui écoutent.

C'est par cette persuasive éloquence que les édu
cateurs s'emparent de l'âme de leurs élèves, la fa-
çonnent, la pétrissent à leur aise, à leur gré, et ils
arrivent ainsi à fortifier en eux les bonnes dispositions morales éveillées par l'éducation commencée
en famille ; ils redressent les imperfections des uns
et corrigent les mauvaises tendances des autres ; ils
commencent l'éducation des enfants des familles
laborieuses, qui n'ont ni le temps ni les moyens de
s'en occuper ; ils opposent à cette molle éducation.
d'une tendresse excessive. une opiniâtre volonté de
réforme. Aux réfractaires à l'éducation, à ces enfants
qui subissent au foyer de la famille, par une destinée inévitable, la contagion de mauvaises mœurs ;
à tous ceux qui sont abandonnés sur la voie publique
par leurs parents avides et sans respect humain qui
vivent de leur démoralisation, l'école est ouverte ;
on les y accueille avec une bienveillante sollicitude,
pour leur apprendre à pratiquer le respect, l'obéis-

sance, la soumission, pour développer harmonieusement toutes les énergies de l'intelligence et du cœur, et leur inspirer l'amour des vertus essentielles, qui sont les plus sûrs fondements de la civilisation.

Les maîtres et maîtresses ont aussi des attentions particulières pour la conservation de la santé de leurs élèves. Chaque classe est maintenue dans un état de salubrité parfaite : l'air y est renouvelé à chaque récréation et le soir après la sortie des élèves ; en hiver, elles sont chauffées convenablement ; en été, la chaleur y est tempérée par des arrosages fréquents et intelligents.

Ils veillent encore à ce que les élèves tiennent une posture commode, naturelle, surtout pendant les exercices d'écriture et de calcul : trop penchés sur leurs pupitres, ils pourraient contracter de mauvaises habitudes nuisibles à leur santé, à leur constitution physique. Enfin, ils éloignent momentanément de l'école, après avoir pris l'avis du médecin, les enfants atteints d'une indisposition qui pourrait prendre les caractères d'une maladie contagieuse. Par cette sage et prévoyante initiative, ils préservent les autres enfants de la contagion possible.

Dans l'accomplissement de cette action multiple, assidue et vigilante, sur le cœur, l'esprit, le caractère, les mœurs et l'hygiène, l'instituteur donne à ses élèves une part de lui-même ; il rapproche l'âme de l'enfant au contact de la sienne, et le professeur s'élève au rang d'éducateur ; il se fait père et mère de ses élèves, avec cet abandon familier qui n'affaiblit point le respect naturel de son autorité.

L'institutrice, qui ne demeure pas étrangère à la pratique de ces mêmes sentiments, emprunte à la mère tout ce qu'il y a de plus généreux dans son cœur, de plus vrai dans son amour exempt de faiblesse, et l'un et l'autre gagnent l'affection de leurs élèves, en les aimant eux-mêmes, en leur faisant connaître qu'ils leur sont chers, en étant avec eux doux et polis.

A cette haute mission d'élever leurs élèves, s'ajoute l'obligation de donner des connaissances à leur esprit, de l'activité à leur intelligence, et, pour que ces deux branches de l'enseignement apportent leur concours à cette œuvre commune, et se fortifient l'une par l'autre, elles sont enseignées simultanément, de façon que les enfants s'instruisent en s'élevant.

L'instruction s'impose aux élèves suivant leur degré d'aptitude, et par un enseignement tendre, viril, élevé, qui leur fait aimer l'école. Leurs maîtres et maîtresses sont attentifs à leurs progrès ; ils encouragent les efforts, excitent l'indifférence, punissent la paresse. Bienveillants, au besoin sévères, ils ne laissent rien de bien sans applaudir, rien de coupable sans correction.

II.

PROGRAMME DES ÉTUDES PRIMAIRES

Loi du 28 mars 1882 :

ARTICLE PREMIER. — L'enseignement primaire comprend :

L'instruction morale et civique ;

La lecture et l'écriture ;

La langue et les éléments de la littérature française ;

La géographie, particulièrement celle de la France ;

L'histoire, particulièrement celle de la France jusqu'à nos jours ;

Quelques notions usuelles de droit et d'économie politique ;

Les éléments des sciences naturelles, physiques et mathématiques ; leurs applications à l'agriculture, à l'hygiène, aux arts industriels, travaux manuels et usage des outils des principaux métiers ;

Les éléments du dessin, du modelage et de la musique ;

La gymnastique ;

Pour les garçons, les exercices militaires :

Pour les filles, les travaux à l'aiguille.

III.

MAISON D'ÉCOLE — IDENTITÉ DE PERSONNE.

La maison d'école est le lieu où les enfants sont admis pour y recevoir l'éducation morale et l'instruction. Elle est divisée en plusieurs salles. Ces salles sont aménagées pour le bien des élèves : l'espace, la propreté y sont réunis. On y fait pénétrer à longs flots le grand air et la grande lumière, et l'on cherche à rendre les murailles instructives et souriantes.

Les élèves se présentent porteurs d'un billet d'admission à l'école, et l'instituteur, ou l'institutrice, selon qu'ils sont garçons ou filles, leur fait subir un examen sur leur identité et sur leurs capacités.

Après cet examen. on leur indique la classe où ils doivent se rendre.

IV.

LA CLASSE.

Dans toutes les écoles, l'enseignement est gradué ; par conséquent, les écoliers sont répartis dans plusieurs salles, qui se nomment : première, seconde, troisième classe, et ainsi de suite. quand l'établissement d'instruction publique ou libre en compte un plus grand nombre, tels par exemple, que les lycées, les collèges communaux et les grandes institutions privées.

La classe est la salle dans laquelle se réunissent tous les élèves qui suivent le même cours, pour y recevoir en commun les leçons du même professeur.

Chers élèves, au mur de la classe est appendue la carte de France. Vous y remarquerez une tache de deuil : l'histoire vous en expliquera la cause ; gardez-en la mémoire ; mais soyez patients et confiants, elle sera effacée un jour, car il est chez vous une vertu impérissable, c'est l'espérance !

D. Comment l'enfant doit-il entrer en classe ?

R. L'enfant se rend devant son maître ou sa maîtresse. Si c'est un garçon, il se découvre et salue en inclinant la tête ; si c'est une fille, en faisant la révérence. Puis d'un air modeste, et marchant posément, va s'asseoir à la place qui lui est désignée.

D. Si cette place est déjà occupée, que doit-il faire ?

R. Il doit prier poliment celui ou celle qui l'occupe de la lui rendre.

D. Pourquoi cette politesse ?

R. Parce que la classe est déjà pour nous une société réunie, et qu'il convient d'apprendre de bonne heure à s'y conduire poliment et avec bienveillance.

D. Quand l'elève a pris sa place, qu'a-t-il à faire ensuite ?

R. Il doit se préparer à remplir ses devoirs d'écolier ou d'écolière.

Maximes

I. Tant que tu vivras, cherche à t'instruire.
II. L'école est l'image de la société.

L'école.

Notre école, mes chers parents, est située tout auprès de l'église, dans une rue tranquille, entre le jardin de notre instituteur et la grande cour où nous allons jouer pendant les récréations.

Elle est séparée par des cloisons en trois classes : une pour les plus petits élèves, une pour les moyens, une pour le cours supérieur.

Chaque classe, à droite et à gauche, a deux larges fenêtres qui s'ouvrent du haut en bas, par des châssis à bascule, pour nous donner de l'air quand il fait chaud. Dans un coin, il y a un poêle pour nous chauffer l'hiver

Tout autour, sur les murs, on a écrit des sentences et des maximes, les caractères de l'alphabet et des exemples d'écriture.

Il y a aussi des images qui servent pour les leçons d'histoire, un grand tableau noir pour l'arithmétique, pour la musique, le dessin, la grammaire ; puis, pour la géographie, un globe qui représente la terre, une mappemonde et des cartes murales de l'Europe et de la France.

Nous avons aussi une sorte d'armoire vitrée, remplie de mesures et d'objets pour l'étude du système métrique.

Dans la classe des petits, il y a des tableaux de lecture qui leur servent à épeler et à syllaber ; puis un boulier compteur pour faciliter l'étude des nombres.

Nous sommes assis sur des bancs, et nous avons devant nous des tables un peu inclinées qui sont percées de trous pour les encriers. Chacun a aussi, au-dessous de la table, un petit casier pour serrer ses livres, ses cahiers, son ardoise, ses crayons et ses plumes.

Au premier étage, sur les classes, sont les appartements du maître et de ses adjoints.

Dans la cour, qui est plantée d'arbres, il y a des échelles pour la gymnastique, et, dans le fond, un préau couvert où nous nous tenons dans les jours de mauvais temps.

Notre instituteur dit que notre école est la mieux installée de tout le canton et je suis de son avis.

(Ch. Defodon.)

V.

LE DEVOIR.

Il est également essentiel d'apprendre de bonne heure à gouverner ses caprices, à régler ses volontés ; tous les plaisirs ne sont rien au prix des joies que procurent, à un cœur bien né, l'accomplissement du devoir et le témoignage d'une bonne conscience.

Le devoir, c'est : reconnaître les lois divines et humaines et leur obéir ; se soumettre au principe d'autorité, au respect de la famille, à l'union des cœurs ; occuper honorablement sa place, quelle qu'elle soit, dans la société, cette grande communauté des esprits et des intelligences.

C'est aussi accepter le travail comme une nécessité suprême : la hiérarchie de position comme un besoin social ; les adversités, le malheur, comme des épreuves qu'on ne peut éviter, et se souvenir, pour les bien supporter, que c'est par la douleur qu'on devient homme, que c'est par la constance qu'on devient grand.

D. Est-ce toujours une tâche facile de remplir son devoir ?

R. Quelquefois, le devoir nous impose de grands sacrifices ; mais, lui devant une obéissance absolue, nous devons lui sacrifier nos goûts, notre volonté, notre vie même.

D. Pour l'écolier ou l'écolière, le devoir est-il facile ?

R. Pour certaines natures, oui. Ainsi, l'élève studieux trouve tout naturel de travailler ; l'élève doux et docile trouve tout simple d'obéir ; le bon fils, la fille aimable, seraient désolés de contrarier leurs parents ; et l'écolier et l'écolière qui ont un bon cœur regarderaient comme un crime de causer un déplaisir à leurs maîtres ou maîtresses.

D. Alors le séjour de l'école est rendu bien plus doux à l'écolier et à l'écolière raisonnables, qu'aux écoliers et écolières paresseux et méchants ?

R. Cela n'est pas douteux. L'existence de l'élève qui accomplit ses devoirs, qui craint d'y manquer, est aussi agréable et aussi douce que celle des mauvais élèves est triste et agitée.

D. Que vous ordonne le devoir pendant la classe ?

R. Le devoir nous ordonne le silence et l'attention.

D. Que vous ordonne le devoir lorsqu'une punition vous est infligée ?

R. Il nous ordonne la soumission à la punition infligée.

D. Que vous ordonne le devoir à l'égard de vos maîtres et maîtresses ?

R. Le devoir nous ordonne de leur obéir, de les respecter et d'observer la discipline.

D. Qu'est-ce que la discipline ?

R. La discipline est l'observation de toutes les règles qui nous imposent des devoirs ; elle est la force de l'éducation.

D. A quel moyen faut-il recourir pour assurer l'observation de la discipline ?

R. Aux punitions, que nous méritons trop souvent.

Maxime.

I. Toute la force de l'éducation est dans une discipline bien entendue.

L'écolier modèle.

Je voyais, dans une classe au-dessus de la mienne, un écolier dont la sagesse et la vertu se conservaient inaltérables. et je me disais à moi-même que le seul bon exemple à suivre était le sien ; mais, en le regardant avec des yeux d'envie, je n'osais croire avoir le droit de me distinguer comme lui.

Amalvy était considéré dans le collège à tant de titres et tellement hors de pair au milieu de nous, qu'on trouvait naturel et juste l'espèce d'intervalle qu'il laissait entre nous et lui.

Je le voyais arriver au collège, ayant toujours à ses côtés, quelques-uns de ses condisciples qui étaient fiers de l'accompagner. Il était sociable sans être familier. La croix ne quittait point sa boutonnière ; pas un n'osait prétendre à la lui enlever.

Je l'admirais, j'avais du plaisir à le voir ; et toutes les fois que je l'avais vu, je m'en allais mécontent de moi-même.

Ce n'était pas qu'à force de travail je ne me fusse distingué dans ma classe ; mais j'avais deux ou trois rivaux : Amalvy n'en avait aucun.

Il était plus âgé que moi ; c'était ma seule consolation ; et mon ambition était de l'égaler lorsque je serais à son âge. En démêlant, autant qu'il m'est

possible. ce qui se passait dans mon âme, je puis
dire avec vérité que, dans ce sentiment d'émulation
ne se glissa jamais le malin vouloir de l'envie ; je
ne m'affligeais pas qu'il y eût au monde un Amalvy,
mais j'aurais demandé au ciel qu'il y en eût deux et
que je fusse le second.

(MARMONTEL.)

VI.

LE TRAVAIL.

Le travail est une nécessité suprême et la loi
même de la vie ; c'est la grandeur, c'est la dignité,
c'est l'indépendance de l'homme.

Le travail prémunit contre les excès, les funestes
appétits, les grossiers passe-temps inséparables de
l'oisiveté.

Le travail est un ami qui console. que l'on a sans
cesse près de soi, vous versant le baume à la première larme. C'est une source d'honneur et de vertu.

C'est le travail qui conserve et qui améliore, qui
maintient et perfectionne le jeu de tous les ressorts
que détendent l'inaction et le repos.

Le malheur peut nous atteindre, atteindre nos
familles au moment de leur plus grande prospérité.
Toute entreprise, toute valeur en ce monde est ex-
posée à subir l'influence dépressive, soit des fautes
de gestion de ceux qui sont chargés de l'administrer
ou de la faire valoir, soit des accidents de fortune qui peuvent la frapper, et cette influence peut
s'exercer directement ou indirectement. L'entreprise
financière la plus honnête, par exemple, la plus sérieuse, la mieux administrée, peut se voir compro-
mise par une série de malversations de ses employés
subalternes et même par l'intervention malfaisante
d'individus qui, prétendant lui appartenir, se seront
réclamés de son nom et de son crédit pour commettre de graves méfaits.

C'est encore par le travail que l'on oppose une

énergique et victorieuse résistance à l'adversité et qu'on en apaise l'amertume.

En travaillant, on se sent l'âme amie, on est soi-même en sa meilleure réalité. Oui, le travail, secondé par l'effort personnel, par l'activité, la volonté, l'économie, est la source certaine du bien-être matériel, de la grandeur morale et de toutes les félicités humaines.

D. Que répondriez-vous si l'on vous demandait, chers élèves, ce que font vos parents ?

R. Nous répondrions : ils travaillent.

D. Pourquoi travaillent-ils ?

R. Ils travaillent pour nous élever, pour nous faire donner de l'instruction, développer notre éducation et plus tard augmenter notre bien-être.

D. Croyez-vous qu'il vous serait possible, à l'âge où vous êtes, de venir en aide à vos parents, s'ils étaient dans le malheur ?

R. Nous ne le pensons pas ; nous ne pourrions leur être que d'un bien faible secours.

D. Pourquoi ne pourriez-vous pas les aider ?

R. Parce que nous ne savons pas de métier et que, pour gagner de quoi vivre, il faut savoir travailler.

D. Ainsi donc, pour gagner sa vie, il faut plus que la bonne volonté ?

R. Oui, car la bonne volonté ne nous suffirait pas ; il faut l'âge, le talent pour gagner sa vie. C'est par une solide instruction qu'on peut arriver à quelque chose.

D. Quelle conduite les élèves doivent-ils donc tenir à l'école ?

R, Ils doivent être persévérants, c'est-à-dire ne jamais se laisser rebuter par les difficultés qu'ils rencontrent ; en un mot, ne jamais perdre courage.

Maxime

I. Qui aime labeur parvient à honneur.

Michel Sedaine.

« Le 4 juillet 1719 était né à Paris Michel-Jean Sedaine, fils de l'un des architectes les plus honorés de la ville. Sa famille, heureuse et estimée, lui faisait faire de sérieuses études. Il avait à peine treize ans lorsque son père fut tout à coup ruiné, et, s'étant réfugié au fond des terres où il avait emmené ses enfants, il mourut en peu de temps, dévoré par une tristesse profonde.

» Sedaine était un des brillants élèves du collège où ses parents l'avaient placé. Le proviseur lui offrit de continuer ses études : « Merci, mon maître, dit » le jeune homme, je dois soutenir ma mère, élever » mon jeune frère ; il faut que je travaille, que je » gagne notre pain à tous les trois. — Faites votre » devoir, noble enfant, » dit le proviseur ; et, au milieu des regrets et des larmes des professeurs et de ses camarades, le pauvre garçon quitte le collège où il avait été si heureux, si aimé.

» A treize ans, que peut faire un écolier ? Bien peu de chose encore, si peu même que le brave enfant, pour gagner sa vie. se fit maçon, Oh ! comme il économisait son argent, comme il était heureux d'apporter sa semaine à sa mère, et de payer le mois d'école de son petit frère ! La journée finie, il s'enfermait dans sa chambre et retrouvait avec délices ses études chéries. Tous les anciens professeurs qu'avait eus le jeune homme l'aidaient de leurs conseils, car ils admiraient son courage. »

« Le pauvre petit Sedaine, nous dit un de ses biographes, était resté seul avec son plus jeune frère ; il le prend par la main et se met en route pour Paris où sa mère s'était retirée dans une abbaye. Il veut l'aller rejoindre. Il avait alors pour tout bien 18 fr.; il les emploie à payer la place de son frère dans la lourde diligence de ce temps, lui donne sa veste parce qu'il fait froid. et suit la voiture à pied. Quelquefois les voyageurs font monter sur le siège du conducteur ce petit chef de famille de treize ans, et il arrive ainsi à Paris.

» C'est là, c'est alors qu'il reprend par la base le métier de son père et se met vaillamment à tailler la pierre, aidant ainsi à la subsistance de sa mère et de son jeune frère, et à l'instruction de celui-ci.

» Tandis qu'il travaillait gaiement, les larmes venaient aux yeux des maçons qui avaient connu son père l'architecte et servi sous lui comme ses soldats; aussi, quelquefois. quand la chaleur était trop ardente ou la pluie trop forte. il trouvait sa pierre placée par eux à l'abri et transportée la nuit sous quelque hangar.

» Sedaine étudiait toujours; à côté de sa longue scie. le tailleur de pierres posait *Horace* et *Virgile, Molière* et *Montaigne* qui furent les adorations de toute sa vie, et. quand ses compagnons les maçons dormaient couchés sur la poitrine dans le gazon, il prenait ses chers livres et pensait à l'écart.

» On a dit. avec quelque raison, que souvent la pauvreté empêche certains bons esprits de parvenir. Cela est vrai. mais que ne peut une volonté indomptable ! que ne peut le désir ardent d'acquérir de la science !

» Pour Sedaine, le travail était un attrait et l'étude une floraison continue de son intelligence.

» Ce fut en gagnant péniblement sa vie et celle des siens qu'il acheva ses études, et le pauvre ouvrier maçon devint plus tard un littérateur célèbre. En 1786, l'Académie française ouvrait ses portes à celui qui, autrefois, avait été servant maçon et ouvrier tailleur de pierres. »

<h2 style="text-align:center">VII.</h2>

LES TRAVAUX MANUELS DANS L'ÉDUCATION DES JEUNES FILLES.

Vous venez de reconnaître que le travail est une loi suprême de l'humanité, vous verrez plus loin que la profession est une nécessité qui conduit à gagner honorablement sa vie et qu'il faut, de bonne heure, faire choix d'un métier, en consultant sa famille, sa vocation et son aptitude.

Mais, quelle que soit la préférence d'une jeune fille dans le choix de son état, son éducation doit comprendre les travaux à l'aiguille.

D. Quelle place tiennent les travaux à l'aiguille dans l'éducation des jeunes filles ?

R. La première place.

D. Pourquoi la première place ?

R. Parce que sur la femme repose le soin de l'intérieur du ménage. l'entretien du linge, la confection des vêtements. Une jeune personne adroite et soigneuse est un trésor dans la maison.

D. Les travaux à l'aiguille peuvent-ils être une ressource suffisante en cas de besoin ?

R. Oui, les travaux à l'aiguille sont une précieuse ressource pour la jeune fille pauvre, et cette ressource peut suffire à la nourrir, si elle vit avec une sage économie.

D. N'y a-t-il pas des provinces entières qui vivent du travail de l'aiguille ?

R. Oui. le Sud. l Est de la France confectionnent de la broderie, de la ganterie, du tricot ; le Nord fait la lingerie ; la tapisserie se fabrique partout et Paris offre des merveilles en ce genre.

D. N'est-ce pas un véritable plaisir pour les jeunes filles d'exécuter ces travaux où la laine, la soie, l'or même sont disposés avec goût ?

R. Oui, et ces travaux embellissent l'intérieur d'une maison. On juge de suite une personne laborieuse en voyant son appartement ; et tout le monde sent qu'il y a là quelqu'un qui aime sa maison et qui a pris plaisir à l'embellir de ses travaux.

D. Les jeunes demoiselles n'ont-elles pas aussi une bien douce tâche à remplir en exécutant quelques travaux à l'aiguille ?

R. Les jeunes filles bonnes et habiles font des layettes pour couvrir les petits enfants des pauvres. N'est-ce pas une des plus grandes joies qui soient en ce monde que de soulager les maux du prochain ?

Maximes

I. A bien faire, le temps passe vite.

II. Sans un peu de travail on n'a point de plaisir.

III. Doigts piqués par l'aiguille préservent de la guenille.

Les deux orphelines.

« Une nouvelle terrifiante vient de circuler dans la ville ; M... est mort complètement ruiné ; ses deux filles restent seules au monde et sans aucune ressource.

» Que va devenir ma pauvre sœur ! s'écriait l'aînée au désespoir. Que faire ? où aller ? — Courage, répondait la plus jeune au milieu de ses larmes. — Courage ! reprenait avec un surcroît de désespoir la sœur aînée, mais que puis-je faire ? Nous sommes ruinées, sans ressource ; le pain, l'asile vont nous manquer. Que ferais-je ? je croyais être riche à jamais et je n'ai rien appris. J'ai détesté l'étude, j'ai méprisé l'aiguille, que devenir ?

» Et l'infortunée tombait anéantie sous le poids de son infortune.

» Sa sœur cadette déjà instruite et possédant son brevet supérieur trouva de suite une place d'institutrice. — Cesse de pleurer. ma sœur, dit-elle en l'embrassant, la moitié de ce que je gagne sera pour toi. — Ah ! tu as toujours été meilleure que moi et plus sage, je le sais, répondit l'aînée, mais crois-tu que je me résigne à vivre de ton travail ? Non, non, ce serait une lâcheté ! Seulement, je cherche... que faire ? Je vois trop tard ; la jeune fille qui, à l'âge de dix-huit à vingt ans, n'a pas une carrière assurée, est la plus malheureuse des créatures ; elle n'a qu'à mourir de douleur, de misère et de faim.

» Enfin, la sœur cadette, si bien placée, trouva pour son aînée un emploi de demoiselle de compagnie auprès d'une jeune personne. C'était une condition bien modeste pour une jeune fille qui avait été élevée dans l'opulence ; pouvait-elle trouver mieux, étant dépourvue d'instruction ?

» A cette nouvelle, sa joie fut grande, la raison et l'espoir lui entrèrent au cœur ; elle accepta humblement cette position qui lui assurait l'existence. — Chère enfant, disait-elle souvent à sa jeune compagne, vos parents sont riches, puissants même, mais un événement imprévu peut tout renverser.

Les guerres, l'incendie, les spéculations détruisent quelquefois les fortunes qui paraissent le plus assurées. Possédez une instruction solide, et vous aurez acquis un trésor que rien ne peut ravir. Ne dédaignez pas la modeste et industrieuse aiguille, c'est une fée charmante dans le bonheur et dans l'adversité ; j'en éprouve la douce consolation auprès de vous ; elle peut suffire à donner le pain, sinon l'aisance et la fortune aux moins habiles ; enfin, elle charme la solitude. Surtout ne comptez pas sur l'avenir, qui le connaît? D'ailleurs, vous aurez toujours des devoirs à remplir ; qui sait si plus tard il ne vous sera pas donné de soutenir vos parents dans leur grand âge ?

» Travaillez, mon enfant, pour n'avoir pas à vous dire comme moi. le jour où je restai orpheline : — Que faire? que deveni. ? je ne puis rien... je ne sais rien... il faut mourir !

VIII.

L'IGNORANCE.

« Le peuple monte, » disait naguère un ministre de l'instruction publique, « le peuple monte! »

Il y a dans ce mouvement général, déjà bien accentué une chose sérieuse, bonne, c'est le souci profond de l'instruction de l'enfant, de son avenir qui est aussi l'avenir de la patrie. Ce souci, de tous points légitime lorsqu'il ne sert pas les mauvaises passions, n'est pas seulement celui des parents, il paraît devenir véritablement national : la France entière veut s'instruire, elle tend à constituer une aristocratie nouvelle par la supériorité de l'esprit, l'application au travail, la dignité du caractère et le prestige du talent. C'est la déclaration de guerre à l'ignorance.

L'ignorance est une désobéissance au devoir imposé au genre humain de s'instruire.

Dans un pays comme le nôtre, il faut de graves

motlfs pour excuser l'absence des enfants dans les écoles primaires ouvertes gratuitement.

D. Quelles sont communément les conséquences de l'ignorance ?

R. Sans éducation, sans instruction. on n'a d'autres ressources, pour subvenir à ses besoins, que les travaux les plus répugnants et peu rémunérateurs.

D. Ce n'est pas tout ?

R. Non. Toute la vie, l'ignorant est le serviteur des personnes instruites ; il est à la merci de tout le monde ; il croit tout, il ajoute foi aux choses les plus absurdes, incapable qu'il est de discerner le faux du vrai.

Quand l'enfant devient homme, quand la jeune fille devient femme et quand tous deux sont chefs de famille, c'est alors seulement qu'ils s'aperçoivent du vide laissé dans leur âme. Ils maudissent leur sort qui les asservit à des puérils préjugés ; ils portent envie à leurs enfants qui s'élèvent et s'instruisent en dehors d'eux. Ils comprennent et mesurent toute l'étendue de leur ignorance ; leur dignité s'abaisse, leur fierté s'humilie devant ces jeunes intelligences qui, chaque jour, leur révèlent un nouveau progrès dans l'éducation morale et dans l'accroissement successif de l'instruction intellectuelle ; alors ils souffrent, dans le silence de leur cœur, la honte de leur infériorité.

Il n'y a nulle grâce à faire à l'ignorance, il faut avoir pour elle un mépris vigoureux, l'appeler par son nom et en inspirer l'horreur à tous les esprits droits.

Mais il faut plaindre, avec une extrême tendresse, ces malheureux enfants, dignes d'intérêt, dont les parents exploitent trop tôt l'intelligente précocité au travail manuel.

Faites de la propagande, chers élèves, soyez la véritable armée du progrès ; chaque citoyen que vous gagnerez à l'éducation et à l'instruction sera pour vous un compagnon d'armes. et plus vous serez en nombre et en force, plus la société pourra compter sur un avenir de paix. de liberté, de prospérité et d'honneur.

Maximes

I. Qui ne sait rien, ne doute de rien.
II. Les tonneaux vides sont les plus bruyants.

Le fils Benoit.

J'ai connu deux cultivateurs qui étaient mes voisins de campagne ; chacun d'eux avait un fils, et ni l'un ni l'autre n'avait grande fortune pour l'élever.

Cependant le fils du premier. Etienne Lefranc, profita de son séjour à l'école, étudia seul ensuite. tout en aidant son père aux travaux des champs, et fut un conscrit instruit et intelligent. Après la guerre, où il fut blessé à Coulmiers. il devint un des meilleurs employés d'un gros marchand de draps de Reims ; puis il se maria et vit aujourd'hui heureux au milieu de sa petite famille.

L'autre, Benoit, avait toujours été un mauvais élève ; il quitta l'école sachant à peine lire et écrire. Il ne fut pas long à désapprendre le peu qu'il savait, et comme il était incapable d'employer ses loisirs à quelque chose d'utile, il prit la mauvaise habitude de passer ses dimanches au cabaret, à jouer et à boire avec les camarades. Vint la conscription : ignorant comme il l'était et déshabitué du travail intellectuel, il fut souvent puni et sortit simple soldat du régiment. Son père était mort dans l'intervalle, sa mère se trouvait sans ressources. Il fallut aller en journées chez les autres. Aucune fille du village ne voulut l'épouser. Maintenant c'est un vieux garçon fatigué et triste, qui regrette bien de n'avoir pas profité de l'école. Je viens de lui persuader de suivre le soir le cours d'adultes que fait l'instituteur, mais il aura bien du mal à rattraper le temps perdu.

(L. MABILLEAU.)

Conseils du bon dogue à un écolier qui n'aime pas son livre.

...Allez donc à l'école, allez, mon petit ange !
Les chiens ne lisent pas, mais la chaîne est pour eux.
L'ignorance toujours mène à la servitude.
Enfant, vous serez homme, et vous serez heureux.
. . . .
. . . .
L'espoir d'être homme un jour lui ramène un sourire
A l'école, un peu tard, il arrive gaîment
Et dans le mois des fruits, il lisait couramment.

(Mme DESBORDES-VALMORE.)

IX.

LA BASE DU SUCCÈS DANS LES ÉTUDES.

Le succès — c'est-à-dire ce qui arrive à un élève de conforme au but qu'il se propose dans ses études et plus tard dans son travail, dans ses entreprises, ne peut être assuré qu'au prix des plus grands efforts, qu'au prix de la plus ferme volonté.

D. Quelle est la base du succès dans les études ?

R. Le silence et l'attention.

D. N'y a-t-il que le silence et l'attention ?

R. Il y a encore l'ordre, l'obéissance et le respect.

D. Qu'est-ce que l'attention ?

R. L'attention, c'est la volonté d'écouter, de comprendre les explications du maître ou de la maîtresse.

D. Une classe aura-t-elle du succès sans silence ?

R. Jamais une classe n'aura de succès sans le silence et l'attention.

D. Alors les élèves indociles sont donc bien coupables ?

R. Oui, ils sont doublement coupables, car, non seulement ils perdent leur temps, mais ils le font perdre à toute la classe.

D. Comprenez-vous combien vous devez être avare du temps que vous passez en classe ?

R. Oui, nous ne pensons pas assez que le temps passe vite et ne revient jamais : un élève raisonnable ne doit pas perdre une minute.

D. De quoi devez-vous vous souvenir pour bien profiter des classes ?

R. Nous devons nous souvenir que le silence, l'attention, la bonne volonté et la persévérance sont les bases indispensables du succès dans les études.

Maximes

I. Charge bien liée est à moitié portée.
II. Cherchez et vous trouverez.
III. Vite et bien ne vont jamais ensemble.

Drouot.

« Le jeune Drouot, fils d'un boulanger, s'était senti poussé vers l'étude par un précoce instinct. Agé de trois ans, il allait frapper à la porte de l'école des Frères de la doctrine chrétienne, et comme on lui en refusait l'entrée, parce qu'il était encore trop jeune, il pleurait beaucoup. On le reçut enfin. Les parents, témoins de son application toute volontaire, lui permirent, avec l'âge, de fréquenter des leçons plus élevées, mais sans lui rien épargner des devoirs et des gênes de leur maison. Rentré de l'école ou du collège, il lui fallait porter le pain chez les clients, se tenir dans la chambre publique avec tous les siens, et subir les inconvénients d'une perpétuelle distraction. Le soir on éteignait la lumière de bonne heure par économie, et le pauvre écolier devenait ce qu'il pouvait ; heureux lorsque la lune favorisait par un éclat plus vif la prolongation de sa veillée. On le voyait profiter ardemment de ces rares occasions. Dès les deux heures du matin, quelquefois plus tôt, il était debout ; c'était le temps où le travail domestique recommençait à la lueur d'une seule et mauvaise lampe. Il reprenait aussi le sien, mais la lampe infidèle, éteinte avant le jour, ne tardait pas à lui manquer de nouveau ; alors il s'approchait du four ouvert et enflammé et continuait à ce rude soleil la lecture de Tite-Live ou de César. . . . . .

. . . .

» C'était durant l'été de 1793. Une nombreuse et florissante jeunesse se pressait à *Châlons-sur-Marne*, dans une des salles de l'école d'artillerie.

» Le célèbre *Laplace* y faisait. au nom du gouvernement. l'examen de cent quatre-vingts candidats au grade d'élève sous-lieutenant. La porte s'ouvre. On voit entrer une sorte de paysan. petit de taille, l'air ingénu, de gros souliers aux pieds et un bâton à la main.

» Un rire universel accueille le nouveau venu. L'examinateur lui fait remarquer ce qu'il crut être une méprise, et sur sa réponse qu'il vient subir l'examen, il lui permet de s'asseoir. On attendait avec impatience le tour du petit paysan. Il vient enfin. Dès les premières questions. Laplace reconnaît une fermeté d'esprit qui le surprend. Il pousse l'examen au delà de ses limites naturelles : les réponses sont toujours claires, précises. marquées au coin d'une intelligence qui sait et qui sent. Laplace est touché, il embrasse le jeune homme et lui annonce qu'il est le premier de la promotion ; l'école se lève tout entière et accompagne en triomphe dans la ville le fils du boulanger de Nancy, le général Drouot. »

Si d'un père fameux le ciel vous a fait naître,
De ce frivole honneur craignez d'être orgueilleux.
Il fut illustre ; tâchez aussi de l'être.
Montrez-nous vos vertus et non par vos aïeux. (X...)

X.

LA CONDUITE DES ÉCOLIERS ET DES ÉCOLIÈRES.

Le but des écoliers et des écolières est :

1° De profiter de l'enseignement qu'ils viennent chercher à l'école, — de s'y distinguer en occupant les premières places. ou tout au moins de s'y conduire de manière à être cités com ne de bons élèves ;

2° De se faire aimer de ses maîtres. de ses maîtresses et de ses condisciples, et pour cela. de montrer envers tout le monde un caractère facile, aimable
et doux.

D. Quelles doivent être les règles de leur conduite ?

R. Voici ces règles :

1° Apporter une grande application aux travaux
de la classe, afin d'apprendre le plus qu'on peut, car
on ne sait jamais assez ;

2° Être sévère pour soi, indulgent pour les autres,
et, afin de savoir se connaître, faire chaque jour un
examen attentif de sa conduite, en se disant : Comment ai-je passé ma journée ? qu'ai-je fait qui soit
utile ? ai-je complètement satisfait le maître et la
maîtresse ?

3° Se soumettre sans murmure aux punitions, en
se disant : C'est pour mon bien que l'on agit ainsi
envers moi.

L'élève qui reconnaît ses fautes et s'en corrige
s'honore lui-même, se fait estimer et aimer.

XI.

LES BONS ET LES MAUVAIS ÉLÈVES.

Les mauvais élèves sont toujours malheureux.
Pleins d'eux-mêmes et égarés par les illusions qui
flattent la vanité, ils aborderont une carrière où la
gloire semble leur ouvrir les perspectives les plus
riantes. Ils seront bientôt désabusés ; car, où le talent véritable éprouve déjà les difficultés. les plus
sérieuses, la médiocrité doit nécessairement échouer,
Ils ne tarderont pas à s'en apercevoir ; ce qui leur
manque, c'est l'instruction qu'ils ont négligée dans
leur enfance.

D. Croyez-vous que tous ceux qui vivent en prison, que tous les rôdeurs, les faux mendiants aient
été de bons élèves dans leurs écoles ?

4

R. Non, ils devaient être classés parmi les derniers, dans la catégorie des incorrigibles.

D. Voulez-vous ressembler un jour à ces êtres avilis par l'ignorance et la paresse ?

R. Non, nous voulons être laborieux, car le travail sauve toujours et préserve de la misère ; le malheur peut fondre sur une famille, mais l'homme et la femme instruits, s'ils ont de l'énergie, triomphent de l'adversité.

D. Croyez-vous que l'homme et la femme qui se distinguent du vulgaire aient été classés parmi les derniers au temps de leurs études ?

R. Non, ceux ou celles qui s'élèvent au-dessus du vulgaire ont été des élèves diligents et studieux.

D, Quel est le moyen d'éviter de tomber dans cette dégradation.

R. Le meilleur moyen, c'est d'étudier, c'est de redoubler d'efforts, car l'avenir tout entier repose sur les succès de l'école.

Maximes

I. Le bon élève fait le bon citoyen.
II. Tel écolier, tel homme.

Le bon élève.

Joseph est un bon écolier. On pourrait bien lui reprocher de bavarder quelquefois et de n'être pas toujours très studieux.

Ces petits défauts lui attirent naturellement quelques punitions.

Mais Joseph les subit sans murmurer : il sait bien qu'il les a méritées.

Cela ne l'empêche pas d'aimer beaucoup son maître.

Quand il a été puni, il se trouve des personnes qui lui disent : « Il est bien méchant, ton maître, n'est-ce pas, Joseph ? Aussi tu ne dois guère l'aimer. »
« Vous vous trompez, dit le bon petit élève, mon maître n'est pas méchant parce qu'il cherche à me

corriger de mes défauts; je sais très bien qu'il ne désire que mon intérêt.

« Il a bien raison de me punir, et quand je réfléchis, je trouve qu'il ne le fait pas encore toutes les fois que je le mérite. Ce n'est pas cela qui m'empêchera de l'aimer, au contraire. »

XII.

LA PARESSE.

La paresse est une sorte de mépris du devoir, une sorte d'éloignement pour le travail, qui amènent nécessairement une sorte d'engourdissement intellectuel. Or, ceux qui se dispensent d'obéir au devoir, de se soumettre au travail, se préparent une existence malheureuse. En grandissant, ils deviennent les parias de la société; leur existence se termine par l'indigence, sous sa plus hideuse forme, ou par la mort prématurée.

Méprisons donc profondément le paresseux, la paresseuse : celui ou celle, qui, en état de travailler, ne travaille pas, s'établit et s'installe avec lâcheté dans les rangs pourris de la misère; considérons-le comme un être inutile, de triste exemple, déjà dégradé, n'ayant aucun sentiment de la mission sociale ni de la solidarité humaine.

> Ne vous laissez jamais aller à la paresse,
> Faites tous vos devoirs avec la même ardeur;
> Le dégoût suit toujours l'indolente mollesse,
> La peine surmontée augmente le bonheur. (X...)

D. Quelles sont les fautes qui accompagnent habituellement la paresse ?

R. Ce sont: les murmures, les colères, les révoltes, les injures.

D. Quels sont les résultats de la paresse ?

R. Ce sont: l'ignorance, l'incapacité, les punitions pendant l'enfance, le mépris qui accueille l'ignorance et enfin la misère.

D. Peut-on se corriger de la paresse ?

R. Oui, par la réflexion et par la volonté.

D. L'écolier ou l'écolière paresseux est-il heureux ?

R. Il ne peut être heureux, car la vie d'un écolier paresseux, d'une écolière paresseuse, n'est qu'une lutte incessante contre ses maîtres, contre ses maîtresses, une lutte toujours suivie de punitions et de chagrins.

D. Ne serait-il pas plus sage d'en finir une bonne fois avec la paresse ?

R. Ce serait une bonne résolution, car on sait toujours le meilleur gré à l'élève faible ou inintelligent qui s'efforce de contenter le maître, la maîtresse ; chacun l'encourage. ses professeurs lui viennent en aide, ses parents l'aiment davantage et il devient heureux en cessant d'être indolent.

Maximes

I. L'oisiveté est la mère de tous les vices.

II. Un paresseux est le frère d'un mendiant.

Le paresseux.

« Amusons-nous d'abord, dit Léon : — Mon devoir
　Je le ferai tantôt, je le ferai ce soir. »
— Le soir, il bâille et dort ; mais pour faire sa tâche
　Il va, dit-il, demain, réveiller le soleil,
— Le réveiller ? Hélas ! on l'appelle, on se fâche.
　A sept heures encore il dort d'un plein sommeil.
— En classe, il est puni ; cela n'est pas merveille :
　Comment ne pas punir un écolier pareil ?
— Moi, pas si fou, je fais tous mes devoirs la veille.
　Qui toujours remet à demain
　Trouvera malheur en chemin.

(DURAND).

XII.

LA RÉCOMPENSE DU TRAVAIL.

La récompense est une marque d'honneur accordée aux élèves en témoignage de leurs progrès dans l'éducation et dans l'instruction.

Il y a aussi des récompenses d'encouragement pour les élèves qui s'en rendent dignes par leurs efforts à s'élever et à s'instruire. Elles excitent l'émulation.

L'émulation est un sentiment qui nous porte à reconnaître dans nos semblables les bonnes qualités qui les distinguent et à les prendre pour nos guides et nos modèles.

> De l'émulation distinguez bien l'envie,
> L'une mène à la gloire et l'autre au déshonneur.
> L'une est l'aliment du génie,
> Et l'autre est la prison du cœur.
>
> (VOLTAIRE.)

D. Que vous ont dit vos parents lorsque vous leur avez apporté de bonnes notes et quand vous avez obtenu de bonnes places ?

R. Ils ont été satisfaits, ils nous ont embrassés avec plus de tendresse que jamais, et nous avons vu des larmes dans leurs yeux.

D. N'est-ce rien que ces joies, que ces embrassements du père et de la mère ; et ne ferez-vous pas tout pour le bonheur de vos parents ?

R. Oui, oui, nous penserons à nos parents pour être raisonnables ; nous dirons : Papa, maman travaillent, pourquoi donc ne travaillerions-nous pas ?

D. Et pour vous maintenir dans cette résolution, que ferez-vous ?

R. Nous dirons : Arrière la paresse, l'étourderie, il faut de l'attention, du courage, de la persévérance pour arriver ; eh bien ! nous en aurons, et nos parents seront fiers de nous. Leur joie sera la première récompense de nos efforts.

Maximes

I. Vouloir, c'est pouvoir.
II. Qui veut la fin veut les moyens.

Anecdote.

Quatre écoliers causaient entre eux du ton le plus sérieux, comme des hommes.

« Moi, disait Augustin, je serai mécanicien au chemin de fer du Nord, comme papa.

« Moi, disait à son tour Philippe, je veux être meunier. Mon oncle Perraud a un moulin près d'une jolie rivière. La roue tourne toujours, l'eau tombe en écume, c'est joli à voir ; le moulin fait tic-tac, c'est amusant à entendre. J'aurai aussi un moulin.

« Il n'y a rien de tel que d'être soldat, dit Marcel. Mon frère aîné est dragon ; il a un casque superbe. Je serai dragon ou cuirassier. Et toi, Félix ?

« Moi ? cultivateur. Avoir des chevaux, des bœufs, des moutons, une basse-cour à soi, quel bonheur ! »

Ainsi parlaient Augustin, Philippe, Marcel et Félix.

« Non, vous ne serez rien de tout cela, mes amis, dit l'instituteur qui passait auprès d'eux à ce moment. Vous ne serez rien de tout cela que si vous faites ce qu'il faut pour le devenir. Toi, Augustin, tu ne t'appliques pas à lire correctement, à dessiner exactement, à tirer une ligne bien droite, à tracer les trois côtés d'un triangle. Crois-tu que, pour apprendre à être mécanicien, tu n'auras aucun livre à lire, aucun dessin à faire ?

Et toi, Philippe, crois-tu qu'un meunier n'ait qu'à regarder l'eau couler et à écouter le tic-tac chanter ? Tu ne sauras pas seulement combien tu reçois de sacs de blé ni combien tu dois rendre de sacs de farine ; hier encore tu ne pouvais pas me réciter la table de multiplication.

Pour Marcel, c'est autre chose, la leçon de gymnastique, Marcel, te semble une fatigue, tant tu es mou et indolent. Tu es négligent et étourdi, souvent négligé et malpropre, tu oublies l'heure, tu es toujours en retard ; tu vas à droite quand il faut aller à gauche, ta blouse est déchirée, tes souliers mal attachés. Au régiment, il faut être alerte et actif, exact et ponctuel, correct et soigné : ton casque sera terni sur la planche ou de travers sur ta tête et toi tu seras à la salle de police.

Reste Félix, Félix qui bâillait l'autre jour quand je vous montrais des épis de blé, de seigle et d'orge, et que je vous donnais quelques notions sur la culture et l'usage du chanvre et du lin ; Félix, qui une autre fois regardait, je crois, les mouches voler, au lieu de regarder les petits modèles de charrue et de herse dont je vous expliquais le mécanisme. Si tu songes à être cultivateur, intéresse-toi d'avance à ce qui concerne ta profession future : il n'est jamais trop tôt pour apprendre ce qu'il est nécessaire de savoir.

Il ne suffit pas, mes enfants, de dire : je veux. Il faut se mettre en état de dire un jour : je peux, et commencer de bonne heure est le mieux, faute de quoi on reste en route et on ne peut pas ce qu'on veut.

N'oubliez pas le proverbe : Qui veut la fin veut les moyens.»

(F.-L. MARCOU.)

XIV.

LES PUNITIONS DE L'ECOLE.

La punition est un châtiment qu'on inflige à un élève qui a failli à ses devoirs. Elle est utile, mais elle doit être juste et exécutoire. — être infligée avec dignité pour être efficace, et n'avoir d'autre but que de moraliser et de rendre meilleur.

D. Qu'est-ce qu'un pensum ?

R. C'est un surcroît de travail pour l'élève qui l'a mérité.

D. Qu'est-ce que la retenue ?

R. La privation des jeux pendant la récréation.

D. Que fait-on dans la récréation ?

R. On joue, on s'amuse.

D. La récréation est-elle utile ?

R. Oui, car le corps a besoin de mouvement, la tête a besoin de repos.

D. Si vous êtes en retenue, à qui la faute ?

R. A nous qui n'avons pas su nos leçons, qui avons mal fait ou omis de faire nos devoirs, ou qui nous sommes mal conduits.

D. Ces punitions ne sont elles pas la cause d'une grande perte de temps ?

R. En effet, car avant que nous soyons apaisés, avant que nous ayons reconnu nos fautes, pris de meilleures résolutions, notre esprit fatigué, irrité, èst incapable d'un travail sérieux.

D. N'est-il pas honteux de troubler une classe et de tenir tête à un maître, à une maîtresse ?

R. Nous le reconnaissons, nous ne devons pas perdre ainsi le temps précieux des études ; nous devons nous soumettre sans murmure. Lorsque nous sommes punis, ce n'est pas la faute de nos professeurs, c'est bien la nôtre.

Maximes

I. Qui aime bien châtie bien.

II. La sévérité n'est nécessaire qu'avec les mauvaises têtes.

Oui, chers élèves, c'est bien votre faute et, s'il vous arrive de vous révolter contre une punition méritée, vous commettez un acte d'étourderie.

La réflexion rend docile ; elle nous fait comprendre que la punition est un moyen de corriger nos défauts et vous devez être d'autant plus reconnaissants que l'on ne vous inflige qu'un léger surcroît de travail, la privation du jeu et de la sortie, tandis que de pauvres enfants, hors de l'école, sont traités avec moins de bienveillance ; peut-être est-ce bien nécessaire, car celui ou celle qui ne sait se soumettre à la raison mérite qu'on lui applique un régime sévère, un traitement énergique.

XV.

CONDUITE DE L'ENFANT DANS LE MONDE, DANS LA SOCIÉTE.

§ 1er. — *La Politesse.* — 2e partie.

Déjà la famille et l'école maternelle vous ont enseigné les premières notions de la politesse : nous allons compléter cet enseignement.

La politesse ne consiste pas seulement dans les marques extérieures de respect que nous avons indiquées page 35.

Elle réside surtout dans l'intention, dans le sentiment qui dicte la conduite à tenir vis-à-vis d'autrui.

La vraie politesse, celle qu'on aime, consiste à s'oublier soi-même, à s'occuper des autres pour saisir les occasions de leur témoigner le désir qu'on a de les obliger, de leur plaire, de leur montrer de la complaisance et des égards.

Elle exige une attention continuelle, sans affectation, à rendre les autres contents de nous et d'eux-mêmes. C'est pourquoi la politesse emprunte tour à tour les noms de bienveillance, — d'urbanité, — de courtoisie, — de sensibilité — et de tact.

D. Qu'est-ce que la bienveillance?

R. La bienveillance est une disposition favorable à l'égard de quelqu'un.

D. Donnez-en un exemple ?

R. Un de mes condisciples est accusé d'avoir troublé la classe ; il est sur le point d'être puni pour ce fait, moins sérieux qu'on ne le dit. J'interviens auprès du maître. Je lui fais agréer mon témoignage de bienveillance pour mon compagnon d'étude, je sollicite son indulgence et je fais fléchir sa sévérité.

D. Quel sens donnez-vous aux mots urbanité, courtoisie ?

R. L'urbanité et la courtoisie nous paraissent, à vrai dire, n'être autre chose que la forme polie de nos manières et de notre langage.

D. Complétez votre définition?

R. Dans une discussion avec une personne emportée par la vivacité de son caractère, nos réponses se font sur le ton de la douceur et d'une grande honnêteté d'expressions : on fait rougir les personnes brutales, grossières en leur parlant poliment.

D. Des différentes formes que prend la politesse, la plus délicate n'est-elle pas le tact ?

R. En effet, le tact, c'est la mise en pratique du sentiment des convenances. Il nous oblige à être prudent. discret, réservé, indulgent et à ne voir les défauts de personne.

D. Le tact n'est-il pas aussi une mesure?

R. Oui, c'est aussi la mesure de l'expression de la pensée, le point précis jusqu'où peut aller, sans bassesse, l'humilité du respect, de la déférence.

D. Donnez un exemple du défaut de tact?

R. Parler sans savoir se taire à propos est un manque de tact, car ce que la vie sociale a de meil leur, c'est le silence intelligent.

D. Donnez un second exemple du défaut de tact?

R. C'est aussi manquer de tact que de manifester ses antipathies en société, fussent-elles raisonnées ou simplement instinctives.

D. Donnez un nouvel exemple de l'absence de tact?

R. Reprocher une faute que la bonne conduite et le temps ont fait oublier, est un défaut d'indulgence, et l'indulgence est encore du tact.

D. Un nouvel exemple encore?

R. S'exprimer inconsidérément sur les malheurs du prochain, et réveiller, par d'imprudentes indiscrétions, d'amers souvenirs, c'est l'oubli de la sensibilité.

D. L'oubli des convenances n'est-il pas un manque de tact?

R. Oui, fermer les yeux sur les bonnes qualités d'autrui, et ne voir que ses défauts, c'est l'oubli des convenances ; c'est un manque de tact.

Faire écho aux méchants en répétant leurs calomnies, leurs médisances, toutes les noirceurs de leurs cœurs, c'est l'oubli de la charité ; c'est encore un manque de tact.

D. Le tact n'est-ce pas un frein?

R. C'est encore un frein contre la médisance, la calomnie, le dénigrement et la tendance à se mettre au service des envieuses jalousies, et se faire inconsidérément l'écho de leurs injustes ressentiments.

D. Qu'est-ce que médire?

R. Médire, c'est mal parler de quelqu'un, c'est divulguer ses travers, révéler les secrets, les confidences intimes de son prochain.

D. Qu'est-ce que calomnier?

R. Calomnier, c'est dire du mal qui n'existe pas, c'est mentir odieusement pour faire tort à autrui.

D Définissez autrement la calomnie ?

R. La calomnie, c'est encore une fausse imputation, accusation ou plainte qui blesse la réputation et l'honneur de celui ou de celle à qui elle s'adresse.

D. Calomnier est donc une bien méchante action ?

R. Elle l'est d'autant plus qu'elle laisse, sur la vie des personnes calomniées. la trace luisante et visqueuse que laisse sur une rose le passage d'une limace.

D. Qu'est-ce que le dénigrer ?

R. Dénigrer, c'est chercher à noircir, c'est travailler à diminuer le mérite, la réputation de quelqu'un, à le rendre ridicule, méprisable.

D. Qu'est-ce que la jalousie ?

R. C'est un amour excessif du bien d'autrui, un sentiment bas qui fait s'attrister de son bonheur, de ses succès.

D. La jalousie n'est-elle pas un vice ?

R. Oui, c'est un vice affreux qui rend méchant, injuste et cruel, et qui nous excite à épouser sans cesse les mauvaises idées et les sottises de tout le monde.

D. Qu'est-ce que l'envie ?

R. L'envie est une inquiétude de l'âme causée par un bien que nous désirons, et dont jouit une autre personne.

D. Ceux et celles qui se laissent aller aux bas sentiments de la jalousie et de l'envie n'ont-ils point d'auxiliaires ?

R. Hélas ! Oui, ils ont cette troupe banale des irréfléchis, des frivoles, des niais ou niaises, follement joyeuse et toujours avide d'un stimulant qui ranime, aiguillonne son esprit de critique.

D. Les jaloux et les envieux jouent donc un rôle infâme ?

R. En effet, car, passant alternativement d'un air de bonhomie naturelle. d'une simplicité excessive, au rire pointu, acéré, féroce, ils se font ainsi les excitateurs des rivalités et des passions humaines.

D. L'âme des envieux et des jaloux ne s'avilit-t-elle pas chaque jour?

R. Oui, l'envieux. le jaloux s'avilit en ayant constamment l'œil ouvert chez ses voisins, pour voir ce qui s'y passe, l'oreille tendue, pour entendre ce qui s'y dit, et se faire l'écho des petites misères du foyer domestique.

D. Sur quelle base la politesse est elle fondée?

R. La politesse repose sur l'amour du prochain et sur le désir de s'en faire aimer. Le cœur en est la base immuable.

D. La politesse a-t-elle un complément?

R. La politesse a pour complément la civilité qui nous porte naturellement à avoir du respect pour nos supérieurs de la bienveillance pour nos égaux, de l'indulgence pour nos inférieurs.

D. Doit-on être poli avec les gens que l'on n'aime pas?

R. Oui, on ne peut s'écarter des règles de la politesse sans se rendre incivil, et l'incivilité est un défaut d'éducation.

D. Est-il convenable de négliger de répondre aux lettres que l'on reçoit?

R. Non, certainement. Cela indique une lacune regrettable dans l'éducation, car répondre aux lettres reçues, c'est un acte de politesse et de haute convenance.

D. Toutefois, ne peut-on exceptionnellement s'abstenir de répondre à une lettre impolie?

R. On peut s'abstenir de répondre à une lettre impolie, injurieuse. Il y a dans le silence une certaine éloquence qui proteste contre l'impolitesse et venge l'injure.

Maximes

I. Bonnes sont les dents qui retiennent la langue.

II. Diseur de bons mots, mauvais caractère.

Le 1ᵉʳ avril.

Sur la grande place, près de la porte de la ville, une troupe de jeunes garçons s'amusaient à cœur joie. Othon, le malicieux, était du nombre.

C'était un enfant taquin, qui aimait à mystifier ses camarades, et. comme on était au 1er avril, il avait ri sur le compte de nombreuses victimes.

Pendant que le jeu était le mieux en train, un Monsieur étranger s'approcha des enfants et leur demanda : « Enfants, ne pourriez-vous pas me dire lequel de ces deux chemins conduit à la ville voisine ?

Othon s'avança aussitôt et, sans respect pour la personne qui lui parlait, répondit en se contenant pour ne pas rire : « Prenez le premier chemin à gauche et tournez à droite à la première route que vous rencontrerez. » Mais cette indication menait à un chemin vicinal aboutissant à une carrière. Le Monsieur s'engagea dans le chemin qui lui était indiqué : mais, après quelques minutes de marche, il fut surpris de ne pas rencontrer de route comme on le lui avait dit, mais simplement des chemins remplis d'herbe et d'ornières. Sur ces entrefaites vint à passer Gaston, qui revenait de l'école.

« Mon petit ami, dit le voyageur, je crois qu'on s'est trompé tout à l'heure en m'indiquant ce chemin pour aller à la ville; veuillez donc me remettre sur la bonne voie. »

— Oh ! Monsieur vous lui tournez le dos, prenez par ici ; dans dix minutes vous croiserez la route, et vous verrez la porte de la ville, répondit Gaston, qui s'était respectueusement découvert.

— Je te remercie de ta complaisance, et, comme tu me parais bien élevé, je te prie de venir demain matin, me demander chez M. Thiébault, dans la Grand'rue. Mon ami a un grand jardin où tu pourras te régaler de fruits.

— Je vous remercie beaucoup, Monsieur, répondit Gaston ; j'irai volontiers, si mes parents me le permettent. » Et il s'éloigna en saluant poliment avec sa casquette, qu'il remit sur sa tête.

Lorsqu'il rejoignit ses camarades, il leur raconta l'invitation qu'on venait de lui faire, ce qui rendit Othon envieux.

Le lendemain matin, Gaston se présenta à l'adresse indiquée, et le Monsieur le reçut paternellement : « Mon cher ami, lui dit-il, régale-toi de ces belles pêches et manges-en tant que tu voudras ; on t'autorise même à en emporter une corbeille chez tes parents.

Le père d'Othon reçut une lettre où le Monsieur se plaignait de la grossièreté de l'enfant, qui reçut une bonne correction.

Quel a été le plus poli de ces deux enfants ? cela se devine sans peine.

(Alp. Mougeol.)

Les vieillards à Sparte

Dans la ville de Sparte, qui fut une des plus puissantes et des mieux réglées de toute la Grèce ancienne, la loi entourait les vieillards de grands honneurs. Quand un vieillard entrait dans une assemblée, tous les jeunes gens devaient se lever et ils ne pouvaient se rasseoir en sa présence, à moins qu'il ne leur en fît commandement.

En France, de nos jours, ce n'est pas la loi qui ordonne aux jeunes gens de se lever devant les vieillards et de les honorer ; c'est le bon usage qui le veut.

Et on ne peut y manquer, comme à tous les usages du monde. d'ailleurs, sans passer pour mal élevé.

Amélie

Voyez cette dame qui offre à Amélie un chapeau pour sa poupée : Amélie le refuse poliment.

— Madame, je vous remercie ; maman me gronderait. Elle m'a défendu d'accepter la moindre chose des personnes qui ne sont pas de ma famille.

— C'est bien, mon enfant ; il faut obéir à sa maman, répond la dame.

(H.-A. Dupont.)

§ 2. — *La Sociabilité.*

L'homme n'est pas fait pour vivre seul et isolé ; son instinct est la sociabilité, son véritable état de nature est la société.

L'usage du monde consiste dans une certaine étiquette de convention, établie pour maintenir la hiérarchie sociale ; il faut unir à la politesse l'usage des convenances.

Ces convenances varient suivant le milieu où l'on se trouve, et elles deviennent plus exigeantes à mesure qu'on s'élève dans l'ordre social.

L'usage des convenances exige une grande observation de soi-même ; il se règle d'après l'âge, le caractère, l'état des personnes, les lieux et les circonstances où l'on se trouve.

Quelle que soit l'infériorité du milieu dans lequel on vit il faut prendre de bonne heure l'habitude de conformer son maintien, la voix, les manières et même les expressions avec le sentiment de la décence.

La décence est le signe extérieur de notre valeur morale ; nous faisons preuve de décence en nous pliant aux exigences du monde, à ses usages, en nous effaçant, évitant de nous distinguer des autres.

Etudiez-vous, chers enfants, à vous élever à l'extrême délicatesse : elle embellit la vertu et donne de la grâce à la modestie.

Surtout n'oubliez jamais qu'on juge d'une personne à son langage, comme à sa tenue, comme à son air de visage, et que la distinction des manières n'est pas une convention vaine inventée par les maîtres de diction et les professeurs de maintien : elle prouve la distinction de l'esprit.

Le monde pour vous, enfants, le milieu dans lequel on vous élève, c'est votre famille, — c'est l'école, — ce sont vos petites relations d'amitié et aussi les personnes qui fréquentent vos parents.

D. Que devez-vous être avec tout le monde ?

R. Nous devons être prévenants, obligeants, complaisants, polis et discrets.

D. Comment un jeune garçon doit-il se présenter dans une réunion ?

D. Le jeune garçon doit se découvrir la tête, s'incliner devant la maîtresse de la maison, saluer les dames et se retirer un peu en arrière, après avoir également salué le maître de la maison et adressé aux autres invités réunis un salut général en inclinant profondément la tête.

D. Comment doit se présenter une petite demoiselle ?

R. Une petite demoiselle doit faire la révérence, donner son front à embrasser aux amies de sa mère et saluer, par une inclination de tête, les autres personnes

D. Les enfants peuvent-ils se mêler à la conversation ?

R. Les enfants ne doivent pas se mêler à la conversation des grandes personnes, ils doivent attendre qu'on leur adresse la parole.

D. Quels sont les principaux caractères de la conversation ?

R. La conversation peut être vive, légère, enjouée, incisive, piquante, sérieuse. mais toujours aimable ; elle cherche à convaincre les esprits sans jamais blesser l'amour-propre.

D. La conversation a-t-elle des avantages ?

R. Oui, la conversation nous habitue à bien formuler nos pensées, à les présenter sous un jour favorable. Elle donne de la souplesse à l'esprit. Nous tirons d'elle la netteté, la précision dans nos discours.

D. En a-t-elle encore d'autres ?

R. Oui, si l'on a des idées fausses, la conversation les châtie, les corrige, la raison supérieure nous éclaire.

D. La conversation ne polit-elle pas aussi les mœurs ?

R. Oui, elle fait naître l'esprit d'aménité, la bienveillance naturelle, une dignité douce, une élégante simplicité. Elle corrige la rudesse, la contrainte, les instincts brutaux ; elle civilise.

D. Ne doit-on pas s'abstenir de cette intempérance de langue, de ce caquetage importun qui vient nécessairement du prix que l'on donne aux bagatelles ?

R. Sans aucun doute. Mais il y a des gens qui trouvent important tout ce qu'ils savent et le disent à tout le monde, sans s'apercevoir que cette abondance de paroles inutiles révèle souvent leur ignorance.

D. La conversation peut-elle se concilier avec la discussion, avec la dispute ?

R. Elle se concilie avec la discussion, qui est un aliment nécessaire à son entretien, mais non avec la dispute.

D. Qu'est-ce que la discussion ?

R. La discussion. c'est la recherche de la vérité sur un sujet donné, par l'emploi d'une conversation honnête et scrupuleusement polie entre plusieurs personnes d'opinions différentes qui se livrent à un combat d'esprit, d'arguments et de connaissances pour réaliser cette vérité.

D. Comment définissez-vous la dispute ?

R. La dispute, qui naît aussi d'avis differents, apporte dans le combat des idées une chaleur plus vive. s'enflamme à la contradiction ; les voix s'élèvent, le bruit devient assourdissant, les expressions plus énergiques et moins parlementaires, et l'opiniâtreté augmente les progrès qui se terminent par l'emportement.

D. Que concluez-vous de ces définitions ?

R. Qui discute a raison : la parole sereine qui élève la discussion dans les régions calmes fait profiter l'esprit des connaissances.

Qui dispute a tort : la parole passionnée trouble l'entendement, entretient l'ignorance, rabaisse les âmes, décompose les sociétés. On n'éclaire, par la dispute, ni soi ni les autres.

D. Commet on une impolitesse en coupant la parole à quelqu'un ?

R. Oui, c'est commettre une grosse impolitesse que d'interrompre une personne qui parle pour prendre soi-même la parole.

D. Que pensez-vous des jeunes gens qui chuchotent, rient tout bas dans une réunion ?

R. Nous pensons que ces jeunes gens sont mal élevés, qu'ils manquent aux égards dus à la société où ils ont été admis.

§ 3. — *Le Savoir-vivre.*

Quelle que soit la condition d'un jeune homme, d'une jeune fille, son premier besoin en entrant dans la société est de savoir vivre.

Le savoir vivre, c'est la connaissance des usages du monde et des égards de politesse qu'on se doit en société.

L'étude de ces usages se fait en famille, à l'école et dans le monde. Mais si l'éducation de famille est négligée, si celle de l'école n'a pas redressé ces imperfections, le jeune homme, la jeune fille, ne pourra éviter les écueils du monde, où sa raison peut échouer, sa vertu, son honneur, sa réputation peuvent se briser, à moins que, par l'énergie et la persévérance de sa volonté, il ne se donne à lui-même l'éducation qu'on a négligé d'achever.

On n'acquiert pas tout d'un coup cet usage de la société, il s'apprend peu à peu, graduellement, comme l'instruction. C'est pourquoi, quelque soit l'âge du jeune homme, de la jeune fille, déshérité de cette éducation de famille, il peut, aidé de l'expérience de la vie et de la réflexion qui éclaire la raison, réparer ce qu'il y a de réparable dans son éducation tardive et apprendre à connaître cette foule de riens, tels que la grâce dans les manières, dans la démarche, dans le geste, dans la tenue; l'heureux choix des mots dans le langage, les égards, la politesse; enfin, cet ensemble de choses qui charment et rendent agréables les relations de société.

Sans elles, on apporte dans le monde un air embarrassé, contraint, des manières lourdes et maladroites qui ne se corrigent plus sans de grands et persévérants efforts.

On est trop indulgent lorsqu'il s'agit de l'éducation des jeunes garçons; aussi, en général, on peut dire qu'ils sont bien mal élevés. « C'est un garçon, » disent les chères mamans en souriant; ce mot excuse tout, rend indulgent pour tout, jusqu'au jour où, hélas! on s'aperçoit trop tard que le mauvais pli est pris, et que le jeune garçon, dont les grossièretés ont fait sourire, restera un être mal élevé, mal appris, et que, le premier, il souffrira de son manque d'usage.

On est à table, la société est assise, le potage est servi, quand la porte de la salle s'ouvre avec fracas ; ce sont les deux fils de la maison qui apparaissent, les cheveux en désordre, les mains sales et le visage ruisselant de sueur. Ils se précipitent en luttant au milieu des convives étonnés. « C'est terrible ! les garçons, » dit encore l'indulgente maman. Ces charmants écoliers ne disent bonjour à personne, s'essuient la figure avec leur serviette : c'est un vrai débarbouillage. Ils rient, ils importunent leurs voisins, ils parlent haut et ont la plus mauvaise tenue ; leurs parents sont obligés de les faire taire, mais ils continuent de plus belle jusqu'au moment où il faut qu'on se fâche tout à fait.

Voici les vacances, époque à laquelle les enfants rentrent tout à fait dans la famille. Ils quittent momentanément l'école où ils ont reçu l'enseignement de l'éducation.

S'il sont indépendants de toute surveillance, soit parce que leurs pères et leurs mères se trouvent éloignés du logis pendant la journée pour accomplir leurs travaux manuels, soit parce que leurs parents se persuadent que l'enseignement de l'école les supplée dans leur mission et qu'ils ne se préoccupent plus de l'éducation de leurs enfants, on voit ceux-ci errant en ville, à la campagne, couverts de boue, les mains et la figure sales, sans avoir conscience de leur mauvais état.

Les mieux surveillés sont-ils au jeu ? A la moindre contradiction, ils s'irritent, s'insultent au lieu de s'expliquer avec calme et de se parler avec politesse ; et pour affirmer un droit prétendu, mais non justifié, le plus fort a recours aux voies de fait.

Les enfants sont-ils à la promenade, en course dans les rues ? Vous les voyez passer devant des dames de leur connaissance, ou devant des supérieurs, sans les saluer.

Ils se font place au milieu de la foule, allant droit leur chemin, séparant la femme de son mari, l'enfant

de sa mère, forçant les groupes, avec une brutalité
inouïe, à ouvrir leurs rangs pour faciliter leur passage, quand il leur suffirait de faire un écart de côté
sans déranger personne.

Vous arrêtez-vous pour lire une affiche, collée au
mur d'un édifice public ? Tout aussitôt un jeune
garçon vient se placer devant vous et vous envoie
au nez la fumée tiède de sa cigarette.

Êtes-vous occupé à admirer devant la vitrine d'un
magasin les progrès de l'art ou de l'industrie? A l'instant, un jeune homme sifflotant ou fredonnant un air
de cabaret, s'interpose entre vous et l'objet de votre
examen ; sans respect pour la personne, sans considération pour son âge, pour son rang, il vient gros-
sièrement la distraire de son attention, de son admiration pour les chefs-d'œuvre qu'elle a sous les yeux
et changer complètement le cours de ses réflexions.

D. Est-il permis à un enfant de faire en société,
plus de bruit que tout le monde?

R. Non, les enfants doivent rester silencieux, s'a-
muser sans bruit, afin de ne pas troubler les conversations.

D. Un enfant peut-il montrer l'ennui que lui cause
une visite ?

R. Il doit bien s'en garder et pour cela ne pas remuer sur sa chaise, ni bâiller, même si la conversation ne l'intéresse pas.

D. Est-il convenable de se croiser les jambes en
société ?

R. On ne doit jamais se croiser les jambes en compagnie des dames ni devant un supérieur, c'est une
impolitesse,

D. Que serait-ce de la part d'une jeune fille ?

R. Ce serait, de la part d'une jeune fille, commettre
une indécence que de se croiser les jambes en société,
quelles que soient les personnes qui la composent.

D. N'est-ce pas faire preuve d'incivilité que de donner un démenti ?

R. Oui, c'est faire preuve d'incivilité et s'exposer
à être outragé: un vieil adage l'a dit : « Un démenti

vaut un soufflet, » mais la politesse condamne cet excès de vivacité.

D. Quelle est la formule usitée pour demander quelque chose?

R. Il est convenable de dire : « Voulez-vous avoir la bonté, ou l'obligeance de me donner telle ou telle chose? »

D. Le jeune homme qui honore et respecte sa mère fait-il preuve de ces sentiments en lui donnant le bras, ou marchant à ses côtés, avec un cigare ou une pipe à la bouche?

R. Ce serait se rendre irrespectueux envers sa mère que de fumer la pipe ou le cigare en lui donnant le bras, ou marchant à ses côtés, même si elle l'avait autorisé.

D. Le respect que l'enfant doit à sa mère, le doit-il également à son père, à sa sœur, aux dames?

R. Oui, également ; comme aussi à toutes les grandes personnes, car plus ses supérieurs se rapprochent de lui, plus il doit être discret et modéré dans la liberté qu'on lui accorde.

Maxime.

I. Ne fais pas toi-même ce qui te déplaît chez les autres.

La Renoncule et l'Œillet.

La renoncule, un jour, dans un bouquet,
    Avec l'œillet se trouva réunie ;
Elle eut le lendemain le parfum de l'œillet :
    On ne peut que gagner en bonne compagnie.

Bérenger.

La bonne compagnie.

— L'orgueilleux dahlia, disais-tu, ne sent rien ;
Viens sentir celui-là : — certe, il sent quelque chose.
— Il a grandi longtemps auprès de cette rose :
Le parfum de la rose est devenu le sien.

L. Ratisbonne.

XVI.

LA SOUMISSION AUX RÉPRIMANDES

Qu'on examine avec sang-froid ce que sont en réalité les scènes qui trop souvent troublent l'intérieur des familles et quelles causes détruisent le bonheur, on trouvera que ce sont des fautes légères, sans conséquence. Tout cela passerait vite, passerait sans laisser de traces, si l'on avait un peu de raison et de sang-froid.

A tous ces maux il n'est qu'un remède : convenir de ses torts, en avoir du regret. N'ayez donc pas, chers élèves, la sotte vanité qui s'obstine dans l'erreur et qui craint de s'avouer coupable, — ayez l'esprit droit pour reconnaître vos torts, le cœur assez haut pour demander pardon sans fausse honte.

D. Quand on fait une réprimande à un enfant, quel est son premier mouvement ?

R. C'est, généralement, de chercher à prouver qu'il n'a pas tort, quand il ne peut pas faire croire qu'il est innocent.

D. Ne vaudrait-il pas mieux avouer vos torts et vous efforcer de les réparer, plutôt que de les nier ?

R. Ce serait plus conforme à la raison, car, en les niant avec ténacité, nous rendons la réprimande plus nécessaire encore et inévitable.

D. Vous y ajoutez peut-être aussi une mauvaise humeur ?

R. Oui, il nous arrive de prendre un air fâché, de répondre mal et de commettre une seconde faute qui aggrave la première.

D. Qui vous conseille cette conduite ?

R. L'orgueil, l'amour propre mal placé agissant sur nous, nous font faire sottise sur sottise.

Maximes

I. Aime qu'on te conseille.
II. Qui veut durer doit endurer.

Le dompteur.

« Admirez ma valeur : je soumets les lions,
L'hyène m'obéit, le tigre est mon esclave ! »
Pour moi, je sais quel qu'un de plus fort, de plus brave :
C'est celui qui le mieux dompte ses passions.

LACHAMBAUDIE.

La faute aggravée.

Voici une jeune fille de dix ans qui vient d'escalader une fenêtre du rez-de-chaussée pour éviter d'être atteinte par une de ses amies ; une maîtresse l'a vue et l'appelle, afin de lui faire sentir le danger de sauter par une fenêtre et l'inconvenance de son escalade. Vous pensez que cette jeune fille va tout de suite convenir de son tort et dire : « J'ai tort, excusez-moi, je comprends quelle est ma faute et je vous promets de ne plus recommencer. » Mais il n'en est pas ainsi : mademoiselle fait la moue, répond tout bas et murmure. Comment donc ! elle voudrait une récompense ! Naturellement la réprimande s'aggrave ; alors les impertinences arrivent, la lutte s'engage entre elle et ses supérieures, et ce qui d'abord n'était qu'une espièglerie est devenu une faute des plus sérieuses.

Et voilà, du petit au grand, comment naissent, s'accroissent et grandissent toutes les difficultés de la vie.

XVII.

LA DISCRÉTION.

La discrétion est une qualité de l'âme qui nous porte à avoir de la réserve dans nos paroles et dans nos actions pour ne point blesser les bienséances.

La discrétion exige une grande surveillance sur nous-mêmes, afin de nous garantir contre ce penchant à la curiosité, à l'indiscrétion et à cette affectation à vouloir se rendre utile sans nécessité.

D. Vous est-il permis de décacheter une lettre qui n'est pas à votre adresse?

R. Jamais une lettre cachetée ne doit être ouverte par une autre personne que celle à qui elle est adressée.

D. Si vous trouvez une lettre décachetée, vous est-il permis de la lire?

R. Non, la lettre doit être rendue à qui elle appartient sans en avoir pris connaissance.

D. Quand une personne écrit une lettre devant vous, que devez-vous faire?

R. Nous devons éviter de regarder la lettre, et nous reculer de quelques pas, en regardant autre part.

D. Si, dans une pièce voisine, un enfant entend une conversation, doit-il l'écouter?

R. Il faut avertir de sa présence ou quitter la place; les secrets, les affaires d'autrui, comme les lettres, doivent être sacrés.

D. Ainsi il est inconvenant d'écouter aux portes?

R. Oui, il est même honteux d'écouter aux portes; c'est de la trahison : c'est ce que l'on nomme espionnage.

D. La discrétion s'arrête-t-elle là?

R. C'est manquer de discrétion que de révéler ce qu'on devrait cacher, que de trahir un secret qui nous est confié.

D. N'est-ce pas aussi manquer de discrétion que d'offrir à tous propos ses services?

R. C'est manquer de discrétion que de se poser en officieux, de vouloir obliger les gens malgré eux, de provoquer la confiance qui ne vient pas à nous librement.

D. L'officieux ne vous semble-t-il pas être un dangereux ami?

R. En effet, l'officieux est un dangereux ami; il attire à lui les esprits confiants, il les éblouit par l'exagération de son influence, et, quand il possède le secret de leur désir, qu'il a promis d'en assurer la réalisation, il se dérobe par un faux-fuyant, ne pouvant plus les abuser.

D. Quel est son but, s'il est impuissant à se rendre utile ?

R. De faire croire à son crédit, et d'en tirer vanité.

D. Comment se préserver de ce défaut ?

R. On s'en préserve en observant les règles d'une sage prudence et de la circonspection.

D. Qu'est-ce qu'avoir de la circonspection ?

R. Avoir de la circonspection, c'est prendre garde à ce que l'on dit, à ce que l'on fait ; c'est être retenu, discret dans ses paroles, dans ses actions.

Bon conseil.

N'allons pas rechercher les affaires des autres :
On est toujours puni de son zèle indiscret.
Nous en avons assez de bien faire les nôtres,
Sans aller nous donner des motifs de regret.

(L. M. DE L.)

XVIII.

LA FAMILIARITE.

La familiarité est une liberté dans les paroles et dans les actions qui suppose la confiance et l'égalité qui règnent entre deux personnes liées par l'amitié. L'indépendance et l'égalité laissent aux liaisons toute la candeur de la bienveillance ; le devoir et l'intérêt n'y entrent pour rien, le plaisir et l'amitié en font seuls la loi.

Défiez-vous de cette réserve hautaine qui exclut la familiarité, l'expansion. Soyez familiers avec vos amis, prenez vos aises, sans oublier toutefois que, de l'aisance à l'effronterie, il y a toute la distance de l'homme d'esprit au sot.

L'aisance consiste à se tenir constamment dans l'attitude et à la place qui nous est acquise par nos vertus, nos qualités et notre mérite.

D. Peut-on abuser de la familiarité ?

R. Non, on ne doit pas abuser de la familiarité, car l'abus engendre le mépris.

D. Est-ce là la conséquence inévitable de la familiarité ?

R. Non, quand elle n'est pas un calcul, elle augmente le respect et elle entretient l'affection.

D. Quels sont les enfants qui abusent de la familiarité dans le mauvais sens ?

R. Ce sont les enfants importuns, grossiers, mal élevés, sans affection réelle.

D. Qu'est-ce qu'un enfant importun ?

R. C'est celui qui trouble, qui dérange tout le monde.

D. Qu'est-ce qu'un enfant grossier ?

R. Un enfant grossier est celui qui est libre en paroles, en actions, qui répond mal, qui dit des injures. qui se bat...

D. Doit-on répéter les mots de la rue, les expressions triviales, les jurons ?

R. Non jamais, à moins d'être grossier. Un enfant bien élevé doit tenir un langage choisi, et avoir horreur des expressions vulgaires et communes.

Maximes.

I. La familiarité n'est bonne qu'entre amis du même âge.

II. Le tact est le frein de la familiarité.

Pouf !

Petit Pouf a trois ans ; son papa l'adore, sa maman l'idolâtre. C'est qu'il est si gentil, avec ses cheveux blonds et bouclés ; il est si gai quand il rit en montrant ses petites quenottes blanches !

Quelles parties l'on fait sur le tapis quand papa est revenu de son bureau ! Papa est le cheval et Pouf le cavalier ; le cheval s'emporte et Pouf roule d'un bout à l'autre de la chambre. La maman regrette bien un peu de voir salir la belle robe blanche, mais Pouf est si gentil ! Pouf tire la barbe de son papa, lui grimpe sur les genoux, sur les épaules, lui cache sa serviette, lui fait enfin mille niches dont s'amusent les parents.

Pouf a six ans. Il est toujours très gentil ; mais il a de la peine à obéir tout de suite ; il se dandine et fait la moue, il fait des réflexions, très drôles quelquefois ; il parle à ses parents comme à ses petits camarades ; il commande même de temps en temps ! Papa fait bien, parfois, les gros yeux, mais Pouf éclate de rire et n'en fait qu'à sa tête. Papa ne peut pas se fâcher.

Pouf a dix ans. Il n'est plus si gentil. C'est un enfant mal élevé ; son papa n'a aucune autorité sur lui : Pouf se mêle de tout, touche à tout, il est le maître de la maison. Chez les amis de son père, c'est la même chose.

Il est devenu incorrigible : son papa a été trop familier avec lui.

XIX.

LA SUSCEPTIBILITE OMBRAGEUSE.

C'est un défaut d'esprit, de clairvoyance, une obstination à ne pas vouloir s'éclairer par la réflexion, à se croire offensé sans réalité et à se fâcher sans raison de ce qu'on vous dit et de ce qu'on vous fait.

D. N'est-ce pas ce qu'on appelle une infirmité morale ?

R. C'est en effet une infirmité morale, car celui, ou celle qui en est atteint est toujours disposé à voir l'offense partout où elle n'est point.

D. Est-il sensible aux plaisanteries ?

R. Très sensible ; mais s'il prend part à la plaisanterie des autres, bientôt il s'en croit l'objet, et sa physionomie, un instant enjouée, trahit aussitôt sa mauvaise humeur.

D. Ce ne sont pas là ses seuls travers ?

R. Non, il est toujours sur le qui-vive pour vérifier si on lui rend les égards qu'on lui doit, ou qu'il s'imagine lui être dus ; au moindre soupçon d'irrévérence. il se blesse.

D. Parle-t-il volontiers ?

R. Oui, mais s'il parle il veut qu'on l'écoute, les distractions le contrarient et d'un air hautain il les réprime là où l'on tolère son insolence, ou, cessant de parler, il prend son chapeau et quitte la société, fort mécontent d'elle.

D. Cela est peu convenable. Ensuite ?

R. S'il se présente quelque part, il exige qu'on le reçoive à l'instant, quand même il y a impossibilité absolue. Si on lui fait remarquer avec politesse que son insistance est une indiscrétion, il se retire en murmurant et ne revient plus.

D. Résumez ce caractère ?

R. C'est en résumé un être insupportable, qui met un froid glacial dans les relations et les dépouille de toute espèce d'agrément.

D. Quels sont les mobiles de cette susceptibilité ?

R. Ce sont l'erreur et le masque de la délicatesse : l'erreur, lorsqu'elle vient d'un faux jugement ; le masque, lorsqu'il vient d'un faux orgueil.

D. Ne lui connaissez-vous pas d'autres mobiles ?

R. Il y a encore l'irrégularité d'humeur, le travers d'esprit, mais qui ont la même origine

D. Peut-on se guérir de cette susceptibilité ?

R. On se guérit de cette infirmité par l'éducation du cœur.

> Souvent l'esprit le plus lucide
> Voit tous les objets à l'envers ;
> Mais quand on prend son cœur pour guide,
> On ne va jamais de travers.　　　(***)

Maxime.

I. Chien hargneux a toujours l'oreille déchirée.

Le Hibou et la Tourterelle.

Un hibou, parfait égoïste,
De tous les oiseaux était fui :

Tous prenaient un air froid et triste
S'ils se rencontraient avec lui.
A la sensible tourterelle
Sa surprise, un jour, il narra :
— C'est votre faute, lui dit-elle,
. — Aimez et l'on vous aimera.
DE FULVY.

XX.

LA RANCUNE.

La rancune est une cause de tourments pour l'esprit et le cœur : on ne saurait trop réagir contre elle pour s'en préserver et, au besoin, pour s'en corriger.

D. Savez-vous ce que c'est que la rancune ?

R. La rancune, c'est le ressentiment que l'on garde d'un reproche, d'une offense, d'une punition.

D. Ce ressentiment est-il fondé, quand le reproche ou la punition vient de vos parents, de vos maîtres et maîtresses ?

R. Non. puisque c'est pour notre bien qu'on nous punit et qu'on relève nos fautes.

D. Vous reconnaissez donc à vos parents le droit et le devoir de vous corriger ?

R. Oui, nos parents, nos instituteurs et nos institutrices ont ce devoir, et, au lieu de murmurer et de leur résister, nous devrions leur vouer une profonde reconnaissance.

D. Ne voit-on pas cependant des enfants assez méchants pour se coucher sans dire bonsoir à leurs parents et sans les embrasser, parce qu'ils ont été grondés ?

R. Oni, et alors on ressemble à l'enfant prodigue : on blesse son père et sa mère, en leur prouvant que l'orgueil est plus fort que la tendresse.

D. Croyez-vous que, le lendemain, il sera plus facile de demander son pardon ?

R. Non, ce sera plus difficile encore : l'orgueil, accompagné de la honte, fléchira encore moins, et trois fautes seront commises au lieu d'une seule.

D. Mais heureusement il est rare de voir des enfants faire preuve d'une telle ingratitude?

R. Non, ce n'est pas rare, et pourtant c'est un véritable crime que de contrister le cœur d'un père, d'une mère.

D. Comment s'en corriger?

R. Nous devrions penser à l'orphelin qui n'a jamais, hélas ! un père et une mère à embrasser ; à cette pensée, notre cœur. se sentant ému, et notre tendresse plus vive nous rendraient meilleurs.

Maximes

I. Rancune au cœur, adieu bonheur.

II. Ne laissez jamais le soleil se coucher sur votre colère.

La vengeance.

Si quelqu'un nous blesse et nous nuit,
Quelque grande que soit l'offense,
Laissons l'espace d'une nuit,
Entre l'injure et la vengeance :
L'aurore à nos yeux rend moins noir,
Le mal qu'on nous a fait la veille ;
Et tel qui s'est vengé le soir
En est fâché lorsqu'il s'éveille.

PANARD.

XXI.

LA JUSTICE RÉVÉLÉE PAR LA CONSCIENCE ET LA RAISON

La justice est ici une vertu morale, qui fait qu'on rend à chacun ce qui lui appartient, et que l'on respecte tous les droits d'autrui.

Cette vertu morale, la conscience et le raisonnement en font un devoir impérieux et l'une des premières conditions de l'honorabilité. Rendez-vous dignes, enfants, d'être honorés, par un incorruptible respect de la maxime : *Ne fais à autrui que ce que tu voudrais qu'on fît à toi-même.*

D. Sur quelle maxime repose la conduite de tous?

R. Sur cette maxime : Ne faites pas à autrui ce que vous ne voudriez pas que l'on vous fît à vous-même.

D. Est-il juste d'exiger des autres ce qu'on ne voudrait pas faire pour eux ?

R. Non, cela est évidemment injuste.

D. Est-il juste de tricher au jeu ?

R. Non, tricher au jeu c'est non seulement être injuste, mais c'est encore manquer de loyauté et d'honnêteté.

D. Est-il juste de ne pas venir en aide à un camarade dans l'embarras ?

R. Certainement non, puisque, dans la même circonstance, nous serions tout disposés à demander assistance à nos camarades.

D. La justice n'a-t-elle pas une autre vertu pour complément ?

R. Oui, le complément naturel de la justice c'est la probité.

D. Qu'est-ce que la probité ?

R. La probité est une droiture d'esprit et de cœur, un attachement sévère au devoir de la justice, de la morale, de la raison.

D. Qu'est-ce que la raison ?

R. La raison est un acte de réflexion avant que la volonté agisse.

D. Vous livrez-vous à cette réflexion avant d'agir? n'examinez-vous pas plus habituellement vos actes après qu'ils sont accomplis ?

R. Oui, nous agissons sans réflexion, et quand, plus tard, nous apercevons nos torts, nous les regrettons.

D. Ces alternatives renouvelées, d'injustice et de

retour à la probité, ne vous aliènent-elles pas l'amitié de vos parents ?

R. Non, le retour au sentiment de la justice, la soumission à la raison, nous font pardonner.

D. Que devraient faire les enfants pour être simplement justes envers leurs parents ?

R. Tous les enfants, pour n'être que justes seulement. devraient travailler sans relâche. se conduire parfaitement et faire tous leurs efforts pour être la joie de leurs parents.

XXII.

L'ÉGOÏSME.

L'égoïsme est le culte sacrilège de la personnalité humaine que l'orgueil conseille et qui est odieusement contraire aux lois de l'équité.

L'égoïste a l'âme dure, insensible. Il subit l'influence d'une force répulsive d'instinct contre l'affection, le dévouement, l'expansion originale. ces nobles sentiments qui font la félicité des âmes bien élevées. Il est lui, dans sa personnalité, sans amis. ne sachant pas aimer ; — le cœur vide, n'ayant point d'attachement affectueux ; — il est le tyran de son propre bonheur.

Plaignez-le !

D. Qu'est-ce que l'égoïsme ?

R. L'égoïsme est l'amour de soi poussé à un tel point, que le cœur n'a plus de place pour aimer personne.

D. Les enfants gâtés. trop admirés, ne sont-ils pas presque toujours égoïstes ?

R. Oui, l'enfant gâté, trop admiré, se croit une merveille, il n'aime que lui et s'imagine qu'on lui doit tout.

D. Ne voit-on pas des enfants prendre leurs aises chez leurs parents et refuser de travailler avec eux. même pendant la longue durée des vacances ?

R. Oui, c'est là une véritable preuve d'égoïsme, et nous voyons maintenant combien nous serions coupables de persévérer dans cette conduite.

D. Avez-vous jamais songé à faire une surprise à votre mère en lui offrant quelque objet agréable?

R. C'est vrai, pourtant, nous avons eu le tort de n'y pas songer. Nous avons ainsi fait encore preuve d'égoïsme. Elle n'a cependant jamais laissé passer une fête, ou le jour de l'an, sans nous donner un souvenir.

D. Lui avez-vous rendu ce souhait le jour de sa fête?

R. Parmi nous, il y en a peut-être qui ont accompli ce pieux devoir, mais un grand nombre l'ont assurément négligé.

D. Le 1er janvier, appelé le jour de l'an, que faites-vous?

R. Ce jour là, nous souhaitons la bonne année à nos parents.

D. N'adressez-vous pas vos vœux de bonne année à d'autres personnes qu'à vos parents?

R. Nous les adressons aussi à nos amis, à nos chefs, à nos bienfaiteurs.

D. Quelle différence faites-vous entre le jour de l'an et les autres?

R. Ce jour-là est particulièrement un jour d'oubli, de pardon et de réconciliation. Il rapproche les personnes qu'un intérêt mesquin, qu'un moment de vivacité avaient séparées.

D. N'a-t-il que ces avantages?

R. Il en a d'autres : c'est encore une occasion de rafraîchir ses affections, de venir en pensée, en esprit et de cœur faire agréer nos souvenirs affectueux à nos parents, à nos amis, à nos bienfaiteurs éloignés.

Il nous permet aussi d'affirmer, par l'expression de notre témoignage, que l'amitié et la reconnaissance sont éternelles.

Maximes.

I. Qui n'aime que soi ne sait pas aimer.
II. L'amitié fait naître l'amitié.
III. Aimez-vous les uns les autres.

Les deux voyageurs.

Le compère Thomas et son ami Lubin
Allaient à pied tous deux à la ville prochaine.
　　Thomas trouve sur son chemin
　　Une bourse de louis pleine,
Il l'empoche aussitôt. Lubin, d'un air content,
　　Lui dit : « Pour nous la bonne aubaine !
　　— Non, répond Thomas froidement,
Pour nous n'est pas bien dit ; *pour moi* c'est différent. »
Lubin ne souffle plus ; mais, en quittant la plaine,
Ils trouvent des voleurs cachés au bois voisin,
　　Thomas, tremblant, et non sans cause,
Dit : Nous sommes perdus ! » — Non, lui répond Lubin.
Nous n'est pas le vrai mot, mais *toi*, c'est autre chose. »
Cela dit, il s'échappe à travers les taillis.
Immobile de peur, Thomas est bientôt pris :
　　Il tire la bourse et la donne.
Qui ne songe qu'à soi quand la fortune est bonne,
　　Dans le malheur n'a point d'amis.
FLORIAN.

XXIII.

LE VOL.

Le vol est l'action de dérober, ou de prendre par
force ou par ruse le bien d'autrui. On peut se rendre
indirectement coupable de vol : lorsqu'on encourage
le voleur en recélant ou en achetant des objets, sachant qu'ils ont été volés, — lorsqu'on néglige un
dépôt confié à notre garde, ou lorsque l'on s'en sert
sans la permission du propriétaire, — lorsqu'on se
soustrait, par voie illégale, au payement d'un impôt
établi par le gouvernement du pays. On peut encore

se rendre coupable de vol dans le commerce : lorsqu'on vend des marchandises falsifiées et défectueuses, — lorsqu'on se sert de faux poids et de fausses mesures, — lorsqu'on contracte des dettes sachant qu'on ne pourra pas les payer.

D. N'auriez-vous pas horreur d'un écolier, d'une écolière qui prendrait le bien d'autrui ?

R. Oui. nous aurions horreur de celui, de celle qui aurait volé.

D. Mais s'il s'agissait d'une chose peu considérable, d'une bagatelle, par exemple ?

R. La valeur de l'objet volé est indifférente ; un larcin est toujours un larcin ; un vol est toujours une action honteuse, déshonorante.

D. Quels sont les mobiles ordinaire du vol ?

R. La gourmandise chez les jeunes enfants, la prodigalité, le désordre lorsqu'on est plus grand ; voilà ce qui, le plus souvent, conduit au vol.

D. Oublie-t-on le vol que peut avoir commis un enfant ?

R. Non, jamais : et dix ans, quinze ans, vingt ans plus tard, il se trouvera quelqu'un pour se souvenir de la faute commise par l'enfant, et dire : « Ah ! il est voleur, ce n'est pas étonnant : dès l'âge de dix ou douze ans, il prenait déjà le bien d'autrui ; il a dû continuer. »

D. Que penseront le père et la mère de cet enfant ?

R. Leur désespoir pourra seul égaler la honte qui rejaillit sur eux.

D. Comprenez-vous que la détention d'un objet trouvé est un vol ?

R. Nous n'ignorons pas que l'objet trouvé appartient toujours à celui qui l'a perdu.

D. Que doit faire celui qui a trouvé un objet quelconque ?

R. Il doit le remettre à qui de droit ; s'il ne connaît pas celui qui l'a perdu, il le remet à ses maîtres et maîtresses ou à ses parents.

D. Ceux-ci, qu'en font-ils ?

R. Ils en font le dépôt entre les mains du maire

de la commune ou entre celles du commissaire de police.

D. Cet objet trouvé, si son propriétaire légitime ne l'a pas réclamé, que devient-il ?

R. Au bout d'une année, s'il n'a pas été réclamé, la police le rend à *l'inventeur*, c'est-à-dire, à celui qui l'a trouvé, et qui en devient ainsi le légitime propriétaire.

Maxime.

I. Le bien mal acquis ne profite jamais.

Cartouche.

« C'était un écolier, fils d'honnêtes négociants qui travaillaient beaucoup, et qui réussissaient dans leur commerce ; ils placèrent Louis Cartouche au collége Louis-le-Grand.

» Cet enfant avait quelque argent à sa disposition, car il était gâté, adulé, et sa mère lui disait souvent : « Amuse-toi, mon enfant, car tu n'auras rien à désirer plus tard ; tu seras riche ; ton père et moi nous travaillons pour te donner une existence heureuse. » Paroles imprudentes, folies de l'amour maternel, faiblesse coupable ! C'est l'échafaud que l'avenir réserve à cet enfant adoré.

» Tous les enfants gâtés sont prodigues ; comme il ne leur en coûte rien pour obtenir de l'argent, ils s'habituent vite à faire un mauvais usage des petites sommes qu'on leur dispense. Ce fut le cas de cet enfant. Accoutumé à la dépense, il en arriva bientôt à prodiguer l'or que ses parents lui faisaient tenir pour ses menus plaisirs.

» Mais un jour l'argent lui manqua, et le jeune écolier, ne voulant pas, aux yeux de ses camarades, passer pour un pauvre ou laisser voir cette gêne momentanée, déroba à la cantine du collège quelques friandises de peu de valeur. Ce larcin passa inaperçu.

» Si quelqu'un eût pu alors mettre la main sur le

cœur de cet enfant, il l'eût senti battre bien fort, car il y a des degrés dans le vice, et du premier coup on ne les franchit pas.

» Dès lors, Cartouche ne s'arrêta plus : il vola deux fois, trois fois ; devant l'impunité, le démon du vol envahit tout son être ; plus de prières, plus de conscience, plus de famille ; dérober fut son idée fixe ; il osa tout. Il vola durant les récréations : il vola dans le silence, dans l'obscurité des nuits. Découvert, confondu, pris sur le fait, il fut chassé du collège, malgré les instances de son malheureux père. malgré les larmes et les prières de sa mère !

» Le père du coupable lui infligea une correction terrible, afin que l'enfant n'oubliât pas et sa honte et celle des siens. Le jeune homme fut privé d'argent, sevré de plaisirs, soumis à un travail sévère ; ses supplications furent inutiles ; son père se montra inflexible. « Plutôt te voir mourir, disait-il, que de te voir voleur. »

» Plus de joie dans cette maison naguère si heureuse, plus un sourire, plus une caresse ; ce n'était plus un enfant adoré qui était là, c'était un coupable, et un coupable irrité, endurci, dont le regard sombre osait soutenir le regard indigné de son père. Et quel était le chagrin de la mère, de cette mère infortunée, ainsi placée entre son époux et son enfant, tremblante devant l'audace du fils, tremblante devant la colère du père ?

» Pauvre mère ! elle osait quelquefois espérer. Un jour, le secrétaire fut forcé, une somme importante enlevée, et le fils disparut de la maison paternelle.

» Tremblez, enfants, à ce récit ; il n'est que trop vrai. Un premier vol resté impuni avait développé chez ce jeune homme le plus exécrable des instincts ; la prodigalité, le désir de paraître avaient fait le reste. Résistez à toutes les tentations, et dites-vous bien que si la première faute fait battre si fort le cœur, c'est un avertissement de votre conscience qui vous dit : « Tu fais mal. »

» Le jeune Cartouche, fuyant la maison paternelle, se lia avec des gens sans aveu, sans asile, avec des voleurs, des assassins. Il devint le chef d'une bande et l'épouvante de la société ; arrêté enfin, il fut condamné à mort. Son malheureux père avait succombé, sa mère vivait encore. Quelle affreuse douleur pour cette pauvre et malheureuse mère ! »

XXIV.

LE TEMPS.

Le temps. c'est la durée des choses, mesurée principalement par le mouvement et la révolution apparente du soleil. Pour se rendre maître du temps, qui est la vie même, l'homme l'a divisé en heures en minutes et en secondes. c'est-à-dire en parcelles proportionnées à la brièveté de l'existence humaine.

D. Savez-vous comment les anciens représentaient le temps ?

R. Les anciens représentaient le temps sous la forme d'un vieillard avec de grandes ailes déployées et une faux à la main.

D. Pourquoi un vieillard ?

R. Parce que le temps est de toute éternité.

D. Pourquoi des ailes ?

R. Parce que le temps ne marche pas, il vole.

D. Pourquoi une faux ?

R. Parce que le temps moissonne, fauche les générations.

D. Qu'est-ce qu'une génération ?

R. C'est la réunion ou collection de tous les hommes du même âge, ou à peu près, qui vivent dans le même temps.

D. N'y a-t-il pas aussi une génération du père au fils ?

R. Oui, chaque descendance de père en fils en est une.

D. Combien en compte-t-on dans un siècle ?

R. On compte trois générations par siècle.

D. Qu'est-ce qu'un siècle ?

R. L'espace de cent ans.

D. A quel âge doit finir l'instruction des enfants ?

R. L'instruction primaire doit être achevée entre onze et treize ans. On quitte l'école à onze ans après avoir obtenu le certificat d'études primaires, ou à treize ans par la limite d'âge.

D. Vous voyez combien vous devez travailler pour parvenir à ce résultat ?

R. Oui, et tous les soirs nous devrions, en récapitulant ce que nous avons appris dans la journée, pouvoir dire : « Je n'ai pas perdu mon temps. »

Maximes.

I. Ménagez le temps : c'est l'étoffe dont la vie est faite.

II. Le temps, c'est de l'argent.

A demain !

« Je labourerai demain mon champ pour la semaille, disait Jeannot ; il ne faut pas perdre de temps, car la saison s'avance, et, si je négligeais de cultiver mon champ, je n'aurais point de blé et, par conséquent, point de pain. »

Le lendemain arriva. Jeannot était debout dès l'aurore ; il songeait déjà à partir pour les champs avec sa charrue, lorsqu'un de ses amis vint l'inviter à un festin de famille. Jeannot hésita d'abord ; mais, en y réfléchissant, il se dit :

« Un jour plus tôt ou plus tard, ce n'est rien pour mon affaire, et un jour de plaisir perdu l'est pour toujours. »

Il alla au festin de son ami. Le lendemain, il fut obligé de se livrer au repos, car il avait un peu trop bu, un peu trop mangé, et il avait mal à la tête et à l'estomac. « Demain, nous réparerons cela » disait-il en lui-même.

Demain vint : il plut. Jeannot eut la douleur de ne pouvoir sortir de la journée.

Le jour suivant le soleil était beau, et Jeannot se sentait plein de courage ; malheureusement, un de ses chevaux était malade à son tour. Jeannot maudit la pauvre bête.

Le jour suivant était un dimanche ; on ne pouvait se livrer au travail ; mais une nouvelle semaine va commencer et, en une semaine, on expédie bien de la besogne.

Jeannot commença la semaine en allant à une foire des environs ; il n'avait jamais manqué d'y aller. C'était la plus belle foire à dix lieues à la ronde.

Il alla ensuite à la noce d'un de ses proches parents ; il alla même à un enterrement ; enfin, il s'arrangea si bien ou plutôt si mal, que lorsqu'il se mit à labourer son champ, la saison convenable pour la semaille était passée ; aussi n'eut-il rien à récolter.

Quand vous avez quelque chose à faire, faites-le tout de suite, car si vous êtes maîtres du présent vous ne l'êtes pas de l'avenir.

P. BLANCHARD.

XXV.

L'AVENIR.

L'avenir, c'est ce qui adviendra. Il faut de bonne heure se préparer un bel avenir.

Avec le goût de l'étude et du travail naissent et se fortifient de jour en jour l'amour de l'ordre, de la discipline, toutes les inclinations louables, tous les sentiments dignes d'estime et propres à assurer l'avenir. Il n'y a qu'un temps pour assurer son avenir, c'est le temps de la jeunesse et de la force. Dirigez toute votre activité vers ce but suprême, en vous appuyant sur le travail assidu et sur des habitudes d'ordre et de moralité.

D. Que doit faire l'enfant pour se préparer un bel avenir, pour se mettre en état de bien gagner sa vie ?

R. Il doit d'abord faire de bonnes études primaires.

D. Ensuite ?

R. Il devra travailler, comme ses parents le font, en apportant tous ses soins à son travail.

D. On voit pourtant de jeunes enfants qui n'apprennent rien, sous prétexte que leurs parents sont riches ?

R. C'est un grand tort de penser ainsi, car il est bon que chacun possède en soi-même, par une sage éducation et une instruction relative, des ressources contre le malheur.

D. N'avez-vous jamais entendu raconter qu'une fortune, acquise par quarante années de travail, ait été détruite en peu de temps par des enfants dissipateurs ?

R. Oui, nous avons entendu dire : Le chemin de la fortune est dur à gravir : mais la pente en est bien rapide pour la descendre.

D. Mais s'il en est ainsi, et si le travail peut tenir lieu de la fortune, l'argent est donc inutile ?

R. L'argent n'est pas inutile : celui qui est riche et qui est laborieux fera de sa fortune un noble usage, un emploi utile ; c'est l'argent qui est le mobile des plus grandes choses, le nerf des petites et des grandes industries.

Maxime.

I. Pierre qui roule n'amasse pas de mousse.

Une plante précieuse

Deux servantes, Marie et Louise, portaient chacune un panier très lourd ; celle-ci murmurait continuellement et se plaignait de la pesanteur de son fardeau ; celle-là, au contraire, en riait et en plaisantait comme s'il était léger. « Comment peux-tu rire ? dit Louise. ton panier est aussi lourd que le mien et tu n'est pas plus forte que moi. — C'est que j'ai mis dans le mien, répondit Marie, une petite plante qui en diminue le poids. — De grâce, dis-moi, Marie, quelle est cette plante ? je voudrais en avoir pour alléger aussi mon panier. »

Marie lui dit : « Cette plante si précieuse, qui rend tous les fardeaux légers, c'est la patience. »

SCHMID.

XXVI.

LES LIVRES. — L'ÉLOQUENCE.

Rentrés chez vos parents, après les heures d'études et de récréation, beaucoup d'entre vous, chers élèves, font la lecture.

Nous voulons bien croire qu'avant d'ouvrir un livre, une brochure, un imprimé quelconque, vous avez reçu l'autorisation de vos parents, ou de vos maîtres et maîtresses, de vous livrer à cette lecture. Vous seriez répréhensibles à votre âge d'en agir autrement.

Retenez bien cette vérité : on veille sur vos jours avec une sollicitude incessante. On éloigne de vous tous les périls ; si un puits existe, on le couvre avec soin ; si un fossé ferme une habitation, une barrière est établie ; on met hors de votre portée le poison, la poudre, toutes les choses dangereuses. Encore enfant ! vous ne pouvez lire un livre sans vous donner à lui et vivre en lui. Eh bien, un mauvais livre est aussi dangereux, sinon plus, à lui seul, que toutes ces choses réunies, car un mauvais livre, brochure ou imprimé, détruira tout ce qu'il y a en vous de courage, d'amour du bien, d'innocence et de candeur, vertus si charmantes de l'adolescence et de la jeunesse.

Il est encore un autre danger à éviter, c'est l'influence immédiate, irréfléchie de l'éloquence.

L'éloquence, c'est l'art d'émouvoir, de plaire et de faire passer dans ceux qui nous écoutent et nous lisent les sentiments dont nous sommes pénétrés, mais dont nous voulons les bien pénétrer.

C'est un art périlleux en un sens pour la jeunesse, si facilement impressionnable, et parfois elle ne saurait trop se garantir contre son influence et le prestige des personnalités.

Ainsi, chers élèves, réfléchissez longuement avant de vous laisser séduire par des écrits et des discours bien ordonnés, mais dépourvus d'idées saines et sans enseignement moral ; de ces écrits, de ces discours qui faussent le jugement, emplissent l'imagination de chimères, sèment souvent dans le cœur de mauvais sentiments, exaltent l'esprit et l'éloignent du sens réel de la vie et altèrent la netteté de la perception.

D. Quels sont les livres que vous devez aimer le plus ?

R. Ce sont nos livres de classe, que nous relisons avec intérêt après avoir quitté l'école.

D. Un enfant ne doit-il jamais lire d'autres livres ?

R. Il peut en lire d'autres, à condition de les avoir montrés à ses parents.

D. La lecture des romans, des feuilletons est-elle bonne pour la jeunesse ?

R. Bien au contraire, cette lecture est très pernicieuse, parce qu'elle fait croire à des sentiments qui ne sont pas toujours vrais et donne une fausse idée de la vie.

D. Quand et comment faut-il lire pour retirer le meilleur fruit de la lecture ?

R. C'est le soir après le dîner qu'on est le mieux disposé à la lecture. Les enfants devraient toujours lire à haute voix pour mieux comprendre ce qu'ils lisent.

D. Comment faut-il faire pour ne pas abîmer les livres ?

R. Il faut toujours les placer tout ouverts sur une table, mettre une feuille de papier sous ses doigts et tourner les feuillets avec précaution.

Maxime

I. Un bon livre est un précieux ami.

Comment on doit lire.

Pour bien lire à haute voix, il ne faut pas seulement dire les mots sans hésiter ; il faut encore faire les liaisons, s'arrêter quand c'est utile et donner le ton convenable.

Voici un bon procédé pour marquer le repos nécessaire entre les mots :

Lorsque vous rencontrez une virgule, arrêtez-vous le temps de compter : un ; lorsque vous rencontrez le point-virgule ou les deux-points, arrêtez-vous le temps de compter : deux ; enfin lorsque vous rencontrez un point, comptez : trois.

Savoir donner le ton à sa lecture, c'est lire comme on parle.

Dans la conversation, on parle plus ou moins vite ; on peut être gai ou triste, interroger ou répondre, et le ton change suivant les circonstances ; il en est de même dans la lecture.

Bien lire est un talent très rare. Parmi les lecteurs, fort peu sont capables de faire à haute voix une lecture supportable, bien moins encore sont en état de faire une lecture parfaite. La même histoire, lue par une personne qui sait lire, et par une personne qui lit mal, produit des effets absolument différents.

Dans le premier cas, l'attention est éveillée, on éprouve du plaisir, on s'intéresse au sujet ; dans le second cas, on s'endort.

Ayez donc un ton de voix naturel et en rapport avec ce que vous lisez. Evitez de traîner la voix, de bredouiller ; n'allez ni trop vite ni trop lentement ; respectez les pauses ; prononcez les mots distinctement et veillez sur les articulations et les liaisons.

Ch. Juranville.

XXVII.

L'INSTRUCTION A L'ÉTRANGER.

D. Croyez-vous, chers élèves, que ce soit l'étendue du territoire qui marque le rang des nations ?

R. Non, c'est le degré d'instruction : ce sont les sciences. les lettres, les arts, l'industrie, le commerce et aussi la civilisation qui donnent le premier rang aux nations.

D. Quel est le rang que la France occupe parmi les nations ?

R. Notre civilisation, notre littérature, nos sciences, les arts et l'industrie nous placent à la tête des peuples : c'est là le rang de la France, comme sa destinée et sa gloire. Mais au point de vue de l'instruction primaire nous n'occupons que le cinquième rang.

D. Quels sont les pays où cette instruction est la plus répandue ?

R. Ce sont la Suède, la Norwège, la Suisse, l'Allemagne, les États-Unis.

D. L'instruction est-elle un moyen de civilisation?

R. C'est l'excellent moyen, le seul avec l'éducation, capable d'épurer l'intelligence, de faire luire l'ordre, le progrès des mœurs et le respect des lois.

D. Que vous reste-t-il à faire ?

R. Nous devons redoubler d'efforts et faire de nouveaux progrès dans l'éducation et l'instruction, afin de nous élever au premier rang dans le monde.

C'est assurément ce que vous allez vous appliquer à faire, et vos progrès justifieront bientôt vos espérances.

Maxime

I. Tu n'est pas Français si tu ne connais pas la langue de ton pays.

Réflexion.

La société interdit aux charretiers de circuler la nuit sur les routes sans éclairer leurs lanternes.

Ne pensez-vous pas qu'il est pour le moins aussi dangereux de laisser circuler dans le monde des hommes à peine dégrossis qui ne savent ni lire, ni écrire, et qui, n'ayant aucune instruction. n'ont aucune idée claire de leurs devoirs et de leurs droits ?

XXVIII.

AIMER L'ÉCOLE

D. Arrivés à ce point de vos études primaires, de votre éducation morale, vous avez déjà la connaissance des soins que l'on a pour vous et de la grande utilité de l'école ?

R. Oui, nous reconnaissons avec quelle attentive sollicitude on nous élève, on nous instruit. Nos études sont variées, les récréations et les congés divisent la journée comme la semaine ; les maîtres et maîtresses sont pour nous pleins d'indulgence et de dévouement.

D. Si nous en jugeons d'après votre satisfaction, vous devez mettre beaucoup d'empressement à vous rendre à l'école ?

R. Cela devrait être, mais ce n'est pas général pourtant, sans que nous puissions en préciser la cause.

D. Nous allons vous la dire : C'est que l'école gêne vos goûts, — votre liberté ; — elle réprime le laisser-aller, le sans-façon de la jeunesse ; — elle châtie les défauts et en particulier la paresse en la forçant à étudier. Comprenez-vous maintenant la cause de votre peu d'empressement à vous rendre à l'école, et n'allez-vous par réagir sur vous-mêmes pour la supprimer ?

R. Nous combattrons avec énergie, avec l'assistance de nos maîtres et maîtresses et la surveillance de nos parents, cette tendance à préférer le jeu et notre liberté à l'étude.

D. Cette résolution suppose que vous croyez à l'utilité de l'école et à ses bienfaits ?

R. Assurément, quoique le séjour de sept années nous semble un châtiment, un ennui, au moins pour beaucoup d'entre nous.

D. Comment ! un ennui, un châtiment ? Vous devez vous repentir de prononcer ces mots ?

R. Notre repentir est sincère. En effet, qui nous donnerait le savoir. si ce n'est un séjour suffisant sur les bancs de l'école ? qui ouvrirait notre intelligence, qui nous apprendrait à aimer le bien, à chérir, à respecter nos parents, sinon l'école ? C'est encore à l'école que nous apprenons à lire, à écrire, à compter ; que nous allons apprendre les règles de la grammaire française, l'histoire, la géographie, le dessin. Enfin, c'est l'école qui nous révèle les mystères de la nature et qui nous ouvre les perspectives d'un avenir heureux.

Oui, chers élèves, aimez l'école. C'est par l'enseignement de l'éducation qu'on élève l'âme de la nation, qu'on y développe les idées de justice, de moralité, de droiture, de bienveillance et de patriotisme.

C'est par l'école qu'on élève les sentiments du cœur qui préservent l'esprit des utopies qui pervertissent tout ce qu'il y a de noble dans l'homme.

C'est par l'école qu'on pourvoit l'esprit, qu'on active l'intelligence et qu'on acquiert un contingent de vigueur, de génie ou d'héroïsme.

Aimer l'école, c'est par-dessus tout s'aimer soi-même, aimer son pays.

A vous, génération nouvelle, à donner l'exemple de ce suprême perfectionnement moral, et bientôt le peuple, un instant brutalement vaincu, se relèvera vainqueur du monde par la civilisation.

Apprends avec fierté ta langue maternelle,
    Musique aux sons harmonieux,
Plus riche que tout autre, enfant, presque aussi belle
    Qu'autrefois la langue des dieux.
Partout on la comprend, du Tibre jusqu'à l'Ebre,
    De la Néva jusqu'à l'Escaut ;
Pas de rive inconnue ou de plage célèbre
    Dont elle n'ait frappé l'écho.
Hélas ! hier encore, des cohortes sauvages
    Chez nous l'ont parlée en nommant
Les monts et les ruisseaux, la plaine et les villages.

. . . .

(TAILHAND.)

XXIX.

DEVOIRS DES ÉLÈVES ENVERS LEURS MAÎTRES ET MAÎTRESSES.

L'élève peut être comparé à un jeune arbrisseau : comme lui il a besoin d'un tuteur pour le maintenir ferme et droit dans la vérité, dans la vertu. Le tuteur de l'élève est, dans sa famille, son père et sa mère, à leur défaut un parent, un tuteur datif s'il est orphelin. Dans l'école des garçons c'est l'instituteur, et l'institutrice dans l'école des filles. Ce tuteur est aussi la discipline.

D. Vous faites-vous une idée juste de ce que sont pour vous vos maîtres et vos maîtresses ?

R. Nous comprenons parfaitement que l'instituteur et l'institutrice remplacent dans l'école notre père et notre mère ; qu'ils forment notre cœur à la vertu, notre esprit à la raison.

D. N'ont-ils pas d'autres titres à votre reconnaissance ?

R. Nous ne pouvons oublier que nous leur devons, en grande partie, tout ce que nous savons, et que, par leur enseignement, nous possédons un bien que personne ne pourra nous ravir.

D. Pourquoi, s'il en est réellement ainsi, l'instituteur et l'institutrice, qui exercent une influence si grande sur l'avenir de la jeunesse, sont-ils aussi peu considérés ?

R. Parce que, grands et petits, jeunes et vieux tout le monde estime, admire ce qui fait du bruit, tout ce qui reluit, étincelle, resplendit, et que trop souvent la science, la vertu n'ont que la pauvreté pour récompense.

D. Trouvez-vous cette façon d'agir juste et raisonnable ?

R. Non, nous devons aimer nos maîtres et nos maîtresses, leur être soumis commé nous devons l'être envers notre père et notre mère, qu'ils sont appelés à suppléer.

D. A quoi ce devoir vous oblige-t-il encore ?

R. A reconnaître leur supériorité et à apprécier leur dévouement ; cela n'est que juste, puisque leurs efforts tendent à faire de nous des créatures raisonnables, instruites et bien élevées.

D. Ne devez-vous pas témoigner, à vos maîtres et à vos maîtresses, votre gratitude, surtout quand vous avez quitté l'école ?

R. Certainement ; car nous n'oublierons jamais ni leurs soins ni leur bienveillance paternelle et maternelle, et nous leur en témoignerons partout, en toute occasion, notre gratitude respectueusement affectueuse.

Maxime

I. L'homme que tu dois le plus respecter après tes parents, c'est ton maître.

Le devoir de s'instruire.

— C'est dur tout de même d'étudier, dit Jean-Pierre, qui partait pour l'école.

— Hé ! tout est dur dans ce monde.... Si les pommes et les poires roulaient sur la route, on ne planterait pas d'arbres.

Si le pain venait dans votre poche, on ne retournerait pas la terre, on ne sèmerait pas le grain, on ne demanderait pas la pluie et le soleil, on ne faucherait pas, on ne mettrait pas en gerbes, on ne battrait pas en grange, on ne vannerait pas, on ne porterait pas les sacs au moulin, on ne moudrait pas, on ne traînerait pas la farine chez le boulanger, on ne pétrirait pas, on ne ferait pas cuire.

Ce serait bien commode, mais ça ne peut pas venir tout seul. Il faut que les gens s'en mêlent.

Tout ce qui pousse seul ne vaut rien, comme les chardons, les orties, les épines et les herbes tranchantes au fond des marais.

Et plus on prend de peine, mieux ça vaut. Comme pour la vigne au milieu des pierrailles, sur les hauteurs où l'on porte du fumier dans les hottes, c'est aussi bien dur, Jean-Pierre : mais le vin est aussi bien bon.

Si tu voyais, en Espagne, dans le midi de la France, et le long du Rhin, comme on travaille au soleil pour avoir du vin, tu dirais :

« C'est encore bien heureux de rester assis à l'ombre et d'apprendre quelque chose qui nous profitera toujours ! »

Maintenant je te fais retourner et ensemencer à l'école ; et plus tard, qui est-ce qui coupera le grain ?

Qui est-ce qui aura du pain sur la planche ?

C'est toi, Jean-Pierre.

(Erckmann-Chatrian.)

CHAPITRE IV.

De l'Instruction civique dans l'école primaire.

~~~~~~~~~~

I.

NOTIONS ELÉMENTAIRES.

Avant 1789, il y avait le roi ; au-dessous du roi, l'aristocratie ; au-dessous de l'aristocratie, la bourgeoisie ; au-dessous de la bourgeoisie, les maîtres d'ateliers ; au-dessous des maîtres d'ateliers, les compagnons.

La France était divisée en provinces qui avaient des lois propres, des institutions financières, judiciaires et ecclésiastiques sans harmonie entre elles.

Au midi, *pays de droit écrit,* c'est-à-dire ceux où le droit romain avait une autorité.

Au nord, *pays de droit coutumier,* c'est-à-dire ceux qui étaient régis par des coutumes locales.

Il y avait aussi les *pays d'états,* c'est-à-dire ceux qui avaient conservé le droit de régler leurs affaires et de voter les contributions qu'ils s'imposaient.

Et encore les *pays d'élection,* ceux-ci étaient soumis à la taxe répartie par les élus, délégués royaux, ainsi nommés parce qu'ils étaient choisis par les commissaires des états.

Enfin les *provinces d'imposition,* où l'intendant de la province procédait seul à la répartition de l'impôt.
~~~~~~~~~~

Les *autorités* chargées de rendre la justice étaient : les sénéchaussées, les bailliages, les justices seigneuriales, les parlements.

Sénéchaussée était la juridiction d'un sénéchal, grand officier de la couronne.

Le *bailliage* était un tribunal composé de juges qui rendaient la justice au nom du bailli ou avec le bailli.

Le *parlement* ou cour souveraine de justice, connaissant directement des affaires qui lui étaient attribuées, et, par appel, des jugements des bailliages et sénéchaussées et autres juridictions de son ressort. Les édits, les déclarations, les lettres-patentes et autres ordonnances du roi s'enregistraient au parlement.

Il y avait des corporations, des jurandes et des maîtrises.

Corporation, c'est-à-dire association de commerçants ou d'industriels dont les membres sont unis entre eux par les mêmes droits, les mêmes devoirs. Le principal inconvénient des corporations était le monopole dont elles jouissaient. Un petit nombre de privilégiés avaient seuls le droit d'exercer un métier. Toute concurrence était ainsi annulée, l'intérêt général sacrifié à l'intérêt particulier, les progrès de l'industrie arrêtés par un esprit de jalousie et de persécution à l'égard des découvertes nouvelles.

La *jurande* était une charge de juré d'un métier. Ce juré était préposé pour faire observer les statuts et règlements de son métier.

La *maîtrise* était une qualité de maître dans les arts et métiers.

Les *roturiers* (on appelait roturier l'homme qui n'était pas noble) supportaient seuls l'impôt de la taille établi sur leurs biens et leurs revenus, payaient la dîme et étaient astreints aux corvées publiques pour le service du souverain, et aux corvées particulières pour le service du seigneur.

La *taille* était une imposition de deniers, temporaire et de circonstance. mise par le souverain sur ses sujets et destinée à ses propres besoins et à ceux de l'Etat.

La *dime* était le prélèvement d'abord d'un dixième, puis réduit au vingtième et même au trentième des produits agricoles et industriels, au profit du clergé régulier et séculier et des seigneurs. Dans le principe, ce prélèvement était d'une gerbe sur dix ; plus tard il n'était plus que d'une gerbe sur vingt, une gerbe sur trente.

La *corvée* était un service de corps ou travail effectué au moyen de charrois et bêtes de somme, au jour fixé par le seigneur, soit pour droit de justice, soit pour droit de fief, pour l'entretien et la réparation des routes.

Seigneur, titre que l'on donnait autrefois au possesseur d'un fief et qui indiquait sa supériorité sur les personnes et les propriétés relevant de sa seigneurie.

Fief était une terre seigneuriale.

A l'origine des sociétés il devint nécessaire de confier l'administration de la justice, du gouvernement et la conduite des armées à des hommes qui, par leur intégrité, leur sagesse et leur bravoure, s'étaient placés au-dessus de la masse commune et, par conséquent, s'étaient rendus dignes d'être les chefs de ceux qui avaient été leurs égaux.

Il se forma donc, chez toutes les nations policées, une classe première qui constitua les notables et servit de souche à ce que l'on appela depuis la *noblesse*.

La noblesse. — Ce titre de noblesse était concédé, en France, par le souverain, en récompense, soit pour faits de guerre, soit pour services rendus dans la haute magistrature, soit pour tous autres services éminents rendus à l'Etat.

Les principales prérogatives de la noblesse étaient la jouissance des droits seigneuriaux, plus ou moins étendus dans les fiefs qu'elle possédait, — le droit d'avoir un sceau, — de porter des armes, — d'approcher plus facilement la personne du prince, — et d'être exemptée des charges publiques ordinaires ; mais elle avait aussi les siennes.

La noblesse était astreinte, vis-à-vis du prince, à des services matériels comme le service militaire, la justice ; ou à des obligations morales : le dévouement, la foi au prince. En temps de guerre, elle combattait en personne presque seule. Pas un champ de bataille qu'elle n'ait arrosé de son sang, pas une victoire ou une défaite, qu'elle n'ait illustrée par l'éclat de ses talents et de sa bravoure. Elle contribuait aussi de sa fortune par une rétribution volontaire ou imposée, à titre de subside, par le prince.

Ce passé, l'histoire de France vous le redira, chers élèves dans tous ses détails. Elle vous apprendra aussi que toute l'Europe s'est instruite à nos écoles et pénétrée de notre esprit, — que la France avait mérité d'être appelée le soldat de Dieu, — que jusqu'au fond de l'Orient le nom français avait été l'orgueil et la protection de tous les chrétiens et qu'une longue série de grands princes avait établi la primauté de notre pays en Europe.

Les changements successifs dans la politique du gouvernement avaient déjà modifié sensiblement cet état de choses lorsqu'est survenue la révolution de 1789.

La révolution de 1789 a été un événement mémorable en France. L'histoire vous fera connaître ses transformations gouvernementales, ses succès et ses revers, ses traditions de gloire et d'amertume, l'héroïque conduite et le patriotisme de nos pères, leurs défaillances, leur crimes même, et la marche de la civilisation.

Ce fut une révolution sociale qui devait remuer hommes et choses, institutions et propriétés, changer l'esprit et le caractère de la nation. Voici très succinctement les principales réformes accomplies :

Dans l'ordre politique : la royauté absolue est abolie, ainsi que la féodalité et les seigneuries.

Dans l'ordre social : la noblesse et le clergé sont détruits comme ordres privilégiés. Il n'y a plus de nobles, d'ecclésiastiques, de roturiers formant des classes distinctes dans la société ; il n'y a partout que des citoyens égaux devant la loi, admissibles à tous les emplois civils et militaires, libres dans leurs personnes et libres dans leurs biens.

Dans l'ordre religieux : liberté de culte. Les protestants et les juifs sont admis à jouir de tous leurs droits civils et politiques.

Dans l'ordre financier : abolition des impôts de l'ancien régime, qui sont remplacés par une contribution mobilière et une contribution foncière auxquelles tous les citoyens sont astreints, par des prestations ou redevances qui se payent en argent ou en nature et par la patente imposée aux commerçants.

Dans l'ordre judiciaire : suppression des parlements, des justices seigneuriales, des bailliages, des sénéchaussées.

Ces suppressions sont remplacées par l'institution, dans chaque canton, d'un tribunal de paix ; — dans chaque arrondissement, d'un tribunal civil ; — dans chaque département, d'un tribunal criminel ou jury, — de plusieurs cours d'appel ; et, pour toute la France, d'un tribunal de cassation. Enfin, unité de coutumes et des lois dans un code uniforme.

Dans l'ordre intellectuel : le projet d'un vaste système d'instruction populaire en voie d'exécution.

Dans l'ordre économique : liberté du travail par la destruction des corporations, des jurandes et des maîtrises.

La liberté du commerce se trouve, par ces suppressions, délivrée de toute entrave.

L'homme était un sujet, les conséquences successives de la révolution en ont fait un citoyen. Les privilèges détruits, ce citoyen vit par le droit.

II.

§ 1er. — *Droit public.*

Le droit public se résume dans les rapports entre les citoyens et les autorités, entre les gouvernés et les gouvernants d'un même pays et dans l'exercice des droits concédés et réglés par les lois de ce pays.

La conquête de 1789 nous a valu et nous assure l'*unité nationale,* ayant pour tous la même langue, une même législation, une même administration et un même esprit national.

L'*égalité* pour tous les citoyens devant la loi, l'admission à toutes les dignités, places et emplois publics, selon leur capacité et sans autre distinction que celles de leurs vertus et de leurs talents.

La *liberté individuelle* est assurée, comme un droit naturel, à tous ceux qui ne contreviennent pas aux lois existantes. C'est la plus grande des libertés parce que de' celle-là sortent toutes les autres.

Les *contributions*, pour l'entretien de la force publique et pour les dépenses d'administration, sont votées par tous les citoyens, elles leur sont communes et réparties entre eux en raison de leurs facultés.

Le *travail* et *l'industrie* sont affranchis des privilèges que pouyaient exercer certains métiers et du monopole dont jouissaient les corporations. La concurrence est devenue l'âme du commerce.

Le domicile est inviolable, c'est une conséquence de la liberté individuelle. Il y a pourtant des exceptions : pendant la nuit, nul n'a le droit d'y entrer que pour le cas d'incendie, d'inondation ou de réclamation faite de l'intérieur de la maison ; — pendant le jour, l'inviolabilité du domicile reçoit des exceptions plus nombreuses, motivées pour la plupart sur la nécessité de la poursuite des crimes et délits.

La *propriété* jouit également de l'inviolabilité, et il n'y a d'exception que pour celle dont la nécessité publique, légalement constatée, exigerait le sacrifice sous la condition d'une juste et préalable indemnité.

La *justice* est rendue gratuitement.

L'*instruction primaire* est obligatoire et gratuite.

§ 2. — *Code civil.*

ARTICLE PREMIER. — NATIONALITÉ.

État, nation. — L'État est un peuple constitué en corps de nation vivant sous les mêmes lois, en communauté de mœurs et de langage. En France, l'Etat, c'est la nation organisée en gouvernement.

Acquisition de la qualité de Français par la naissance. — Sont Français par la naissance : l'enfant né d'un Français soit en France, soit en pays étranger, — l'enfant né en France d'un étranger qui lui-même y est né, — l'enfant né en France de père' et de mère inconnus.

Acquisition de la qualité de Français postérieurement à la naissance. — L'étranger peut devenir Français, savoir : par l'adjonction à la France d'un territoire étranger, — par la naturalisation, — par suite des dispositions relatives aux enfants nés en France d'un étranger et aux enfants nés en pays étranger de l'étranger naturalisé Français, — par suite des dispositions relatives aux enfants nés à l'étranger ou en France d'un Français ayant perdu la qualité de Français, — par le mariage d'une femme étrangère avec un Français.

Perte de la qualité de Français. — La qualité de Français se perd : par le démembrement du terri-toire français, — par la naturalisation acquise en pays étranger, — par l'acceptation, non autorisée, de fonctions publiques conférées par un gouverne-ment étranger, — par tout établissement fait en pays étranger sans esprit de retour, — par l'acceptation, sans l'autorisation, du service militaire chez l'étran-ger, ou l'affiliation, sans autorisation, à une corpo-ration militaire étrangère. — par le mariage d'une femme française avec un étranger.

Comment on recouvre la qualité de Français. — Le Français qui a perdu la qualité de Français peut toujours la recouvrer en remplissant trois con-ditions, savoir : en rentrant en France avec l'auto-risation du chef de l'Etat, — en déclarant qu'il veut s'y fixer, — en déclarant qu'il renonce à toute dis-tinction contraire à la loi française, notamment aux fonctions ou titres dont il serait revêtu en pays étranger, et qu'il ne pourrait pas conserver comme Français. — La femme, à qui son mariage avec un étranger a fait perdre la qualité de Française, la recouvre si elle devient veuve, pourvu qu'elle réside en France au moment de la dissolution du mariage. ou, si elle n'y réside pas, en y rentrant avec l'autorisation du chef de l'Etat et en déclarant qu'elle veut s'y fixer. — Le Français qui, sans l'autorisation du chef de l'Etat, a pris du service militaire à l'étranger, ou s'est affilié à une corporation militaire étrangère, et qui, par l'un de ces deux motifs, a perdu la qualité de Français, ne peut la recouvrer qu'en remplissant les conditions imposées à l'étranger pour obtenir la naturalisation, c'est-à-dire en obtenant, après l'âge de vingt et un ans accomplis. l'autorisation du chef de l'Etat d'établir son domicile en France. et en y résidant pendant trois ans, à partir du jour où la demande d'autorisation a été enregistrée au ministère de la justice.

De la condition des étrangers en France. — Les étrangers ne jouissent pas des droits politiques, c'est-à-dire des droits qui consistent dans la participation des citoyens à l'exercice de la puissance publique ; ils ne peuvent donc remplir aucune fonction publique.

ARTICLE 2. — ETAT CIVIL.

L'état civil est la position d'un individu dans la société comme Français ou étranger et comme membre de telle ou telle famille. On appelle acte de l'état civil l'écrit qui constate l'état civil. Les trois grands faits de notre existence sont la naissance, le mariage et la mort. De là trois espèces principales d'actes de l'état civil, à savoir : les actes de naissance, les actes de mariage et les actes de décès. La tenue des actes de l'état civil est confiée aux maires, sous la surveillance du procureur de la République.

ARTICLE 3. — MAJORITÉ, MINORITÉ.

La majorité est fixée à vingt et un ans accomplis ; à cet âge, on est capable de tous les actes de la vie civile. Cette règle souffre les exceptions suivantes :

1º relativement au mariage la minorité, se prolonge en ce cas jusqu'à vingt-cinq ans ; 2º lorsqu'il s'agit d'adoption. le fils et la fille ne peuvent, avant l'âge de vingt-cinq ans, être adoptés sans le consentement de leurs parents.

Le mineur est l'individu de l'un ou l'autre sexe qui n'a pas encore vingt-un ans accomplis. Pendant sa minorité, il est privé de la capacité nécessaire pour les actes de la vie civile, en ce sens qu'il ne peut faire ces actes qu'avec l'assistance d'un tiers. Tant que dure le mariage de ses père et mère, le mineur non émancipé est soumis à la puissance paternelle. En vertu de cette puissance, le père est l'administrateur légal des biens du mineur; il n'y a point là de tutelle. Au décès de l'un des époux, le mineur non émancipé est soumis à l'autorité d'un tuteur, qui est le survivant des père et mère, autorité qui concourt avec celle qui résulte de la puissance paternelle.

ARTICLE 4. — TUTELLE.

La tutelle est une charge donnant le droit d'administrer la personne et les biens d'un incapable : le mineur ou l'interdit. Cette charge est créée dans l'intérêt général, et il n'est pas permis de s'y soustraire sans excuse légale.

ARTICLE 5. — ÉMANCIPATION.

L'émancipation est un acte légal, qui donne au mineur la faculté d'administrer sa personne et ses biens en se conformant à la loi.

L'émancipation peut être accordée par le père, ou. à défaut du père, par la mère, à l'enfant qui a atteint l'âge de quinze ans révolus. Elle peut aussi être accordée, par le conseil de famille, à l'enfant resté sans père ni mère, si le conseil l'en juge capable, mais seulement à l'âge de dix-huit ans révolus.

Le mineur émancipé est assisté d'un curateur

nommé par le conseil de famille. Toutefois le père, ou, à défaut du père, la mère, devient de plein droit curateur de l'enfant qu'il a émancipé.

Tant que le mineur est soumis à la tutelle, c'est le tuteur qui agit en son nom de tuteur, au contraire le mineur émancipé agit en son propre nom. Le curateur conseille et n'administre pas.

ARTICLE 6. — MARIAGE.

Le mariage est la société de deux âmes qui s'unissent et se donnent sans réserve l'une à l'autre, afin de se soutenir dans l'accomplissement du devoir et de se perfectionner dans la vertu.

Dans le mariage, tous les sentiments des époux sont plus vifs, toutes leurs joies agrandies, leurs chagrins seuls diminuent. S'ils sont intelligents, ils le deviennent davantage. S'ils sont honnêtes, ils deviennent meilleurs par l'étroit rapprochement, par l'échange continuel, par l'émulation tendre, par le désir de ne pas déchoir dans l'estime mutuelle; s'appuyant et se fortifiant l'un l'autre pour se maintenir à la fois le cœur haut, le goût pur.

Le mariage est l'union légitime de l'homme et de la femme, le contrat le plus important de la vie civile, soumis, chez la plupart des nations civilisées de l'Europe, surtout en France, à des formalités destinées à assurer le sort de la famille; le divorce peut le rompre.

La loi, se fondant sur des observations les plus générales, eu égard au climat que nous habitons, a décidé que l'homme, avant dix-huit ans, et la femme, avant quinze ans révolus, ne pourraient contracter mariage.

Outre leur consentement réciproque à cet acte, les futurs époux doivent justifier:

1º Du consentement de leur père et de leur mère, et, si ceux-ci sont morts ou dans l'impossibilité de manifester leur volonté, les aïeuls les remplacent;

2º Et de l'accomplissement des formalités légales relatives au mariage.

Le mariage civil est accompli publiquement devant l'officier de l'état civil, le maire ou son délégué, du domicile de l'un des époux.

Le mariage religieux est célébré publiquement à l'église.

Le mari est le chef de la famille. Il a d'ordinaire la prépondérance qu'il doit à son expérience, à la culture de son intelligence et au privilège de sa raison virile. Il doit protection à sa femme.

La femme doit à son mari l'obéissance, elle doit le suivre dans le domicile qu'il s'est choisi. Elle a le gouvernement domestique de sa maison, mais elle ne peut donner, aliéner, acquérir à titre gratuit ou onéreux, sans l'autorisation de son mari.

Les époux se doivent mutuellement fidélité, secours, assistance, et tous deux ont la même autorité sur leurs enfants, les mêmes devoirs dans l'enseignement de leur éducation.

(Voy. *Ce que se propose l'éducation*, p. 13).

ARTICLE 7. — INTERDICTION.

L'interdiction est l'état de celui qui est privé de l'administration de sa personne et de ses biens.

La loi a pris soin de l'homme privé de ses facultés intellectuelles, comme elle a pris soin du mineur. Le premier, plus encore que le second, a besoin d'appui ; car, chez le second, il est à présumer que les défauts de jeunesse s'affaibliront de jour en jour et que les progrès de la raison suivront ceux de l'âge.

Il est rare, au contraire, que le majeur, dont l'intelligence est éteinte ou troublée, redevienne sain d'esprit et de jugement. Dans son intérêt donc, et dans celui de sa famille, la loi a dû lui enlever l'administration de sa personne et de ses biens, pour le protéger contre sa propre faiblesse et contre les embûches de la fraude.

ARTICLE 8. — CONSEIL JUDICIAIRE.

Le conseil judiciaire est une personne nommée par le tribunal pour diriger le prodigue ou le faible d'esprit.

L'individu pourvu d'un conseil judiciaire ne peut ni plaider, ni transiger. ni emprunter, ni recevoir un capital et en donner décharge, ni aliéner, ni grever ses biens d'hypothèque sans l'assistance de son conseil.

Il ne peut non plus, sans l'assistance de son conseil, accepter une succession, car les conséquences de cette acceptation pourraient équivaloir à une aliénation ou à un emprunt.

Mais il peut, sans l'assistance de son conseil, librement administrer ses biens, recevoir ses revenus et en donner quittance, contracter mariage, tester et même accepter une donation.

III.

DE L'ORGANISATION SOMMAIRE DU GOUVERNEMENT ET DE L'ADMINISTRATION PUBLIQUE.

L'autorité est le premier besoin d'une société qui ne saurait vivre si personne ne gouvernait les volontés de chacun afin de les ramener toutes à l'unité et de les diriger avec ordre et sagesse vers le bien commun.

Quand cette autorité réside en un seul, le gouvernement est monarchique héréditaire.

On entend par monarchie héréditaire la forme du gouvernement où le chef de l'Etat est toujours le même nomme ; il succède à son père, lequel occupait le trône avant lui et il le transmet à son héritier.

Cette monarchie est constitutionnelle quand son pouvoir est tempéré par le concours de deux chambres, prenant chacune une certaine part dans l'exercice du gouvernement.

Le gouvernement est républicain quand il est présidé par un président élu pour une période déterminée. A l'expiration de cette période, l'assemblée nationale peut lui continuer ses pouvoirs ou les transmettre à un nouvel élu.

§ 1er. — *Du gouvernement.*

D. Qu'est-ce que le gouvernement ?

R. On nomme gouvernement la réunion des autorités qui dirigent l'Etat.

D. Quelles sont, en France, ces autorités ?

R. Pour l'exercice de la souveraineté nationale, il y a trois pouvoirs, qui sont :

Le pouvoir exécutif,

Le pouvoir législatif,

Et le pouvoir judiciaire.

D. Avez-vous une idée exacte sur la nature de ces trois pouvoirs ?

R. Oui.

D. Exprimez-la.

R. La puissance exécutive est celle qui donne aux lois la force d'exécution ;

Le pouvoir législatif consiste à délibérer et à voter les lois et le budget de l'Etat.

Le pouvoir judiciaire assure et protège la liberté légale.

D. Par qui ces trois pouvoirs sont-ils exercés ?

R. Le pouvoir exécutif est exercé par le chef de l'Etat ;

Le pouvoir législatif s'exerce par deux assemblées : la Chambre des députés et le Sénat ;

Le pouvoir judiciaire est confié à des magistrats inamovibles.

D. Qui nomme ces autorités ?

R. Le chef de l'Etat est nommé par le Sénat et la Chambre des députés réunis en assemblée nationale.

Les sénateurs sont nommés par le suffrage universel restreint.

Les députés sont nommés par le suffrage universel.

Les magistrats de l'ordre judiciaire sont nommés par le chef de l'Etat.

D. Qu'est-ce que le suffrage universel ?

R. C'est la faculté accordée à tout citoyen âgé de vingt et un ans accomplis, de jouir de ses droits civils et politiques, s'il n'en est empêché pour cause d'indignité, et de donner son concours personnel et direct à la nomination aux fonctions soumises aux suffrages de tous les citoyens, ce qui le rend électeur[1].

D. Comment met-on ce concours en action dans une élection ?

R. Par l'appel fait aux électeurs de se réunir aux jour, heure et lieu indiqués pour prendre part au vote.

D. Qu'est-ce que le vote ?

R. C'est d'abord le droit de chaque homme d'avoir sa part du suffrage, d'intelligence et de volonté dans le gouvernement.

D. Et ensuite ?

R. C'est la déclaration qu'on fait de son sentiment, de sa volonté, de son suffrage au moyen d'un bulletin sur lequel on donne par écrit le nom du candidat de son choix.

D. Est-ce une obligation impérieuse pour tous les citoyens électeurs de remplir leur devoir électoral ?

R. Assurément, et c'est un devoir pour eux de ne donner leurs suffrages qu'à des hommes intègres, d'un jugement droit, d'une capacité sérieuse, d'une honorabilité et d'une moralité notoires.

D. Ce devoir n'a-t-il pas plus d'étendue ?

R. Oui, le candidat doit être surtout bien résolu à défendre les intérêts du pays et sa sécurité ; à assurer la prospérité de son agriculture, de son commerce et de son industrie.

D. N'a-t-il rien à faire respecter ?

R. Il doit faire respecter la propriété, la famille et la morale qui sont les bases sur lesquelles s'appuie la société.

---

1. Il y a en France 10 400 000 électeurs inscrits et environ 6 800 000 votants.

D. A côté de l'électeur il y a l'éligible. Qu'est-ce que l'éligible ?

R. L'éligible est l'électeur qui peut être élu député, sénateur, etc.

D. A quel âge est-on éligible ?

R. A vingt-cinq ans accomplis on peut être élu député ; mais il faut être âgé de quarante ans accomplis pour se porter candidat au Sénat.

D. Quel est l'élu dans une élection ?

R. C'est celui qui réunit sur son nom le plus grand nombre de suffrages.

D. Outre les sénateurs et les députés, quelles sont les fonctions publiques soumises au suffrage universel ?

R. Ce sont celles des conseillers généraux, d'arrondissement et communaux.

D. Quel est actuellement en France le chef de l'Etat et du gouvernement et quelles sont ses attributions ?

R. Le Président de la République est actuellement le chef de l'Etat et du gouvernement. Il possède seul le pouvoir exécutif et il exerce la puissance législative collectivement avec le Sénat et la Chambre des députés. Il promulgue les lois lorsqu'elles ont été votées par les deux Chambres. Il en surveille et en assure l'exécution. Il choisit ses ministres, convoque et proroge le parlement, il signe les traités de paix, de commerce, qu'il soumet ensuite aux Chambres.

Il a le droit de faire grâce aux condamnés ; les amnisties ne peuvent être accordées que par une loi.

Il dispose de la force armée. Il nomme à tous les emplois civils et militaires.

Les envoyés et les ambassadeurs sont accrédités auprès de lui ; il a le droit de dissoudre, sur l'avis conforme du Sénat, la Chambre des députés, et de déclarer qu'il y a lieu de reviser les lois constitutionnelles.

Il préside aux solennités nationales.

D. Le Président de la République gouverne-t-il seul ?

R. Non, le gouvernement est confié à des ministres qui sont :

1° Le garde des sceaux, ministre secrétaire d'Etat au département de la justice ;

2° Le ministre secrétaire d'Etat au département des affaires étrangères ;

3° Le ministre secrétaire d'Etat au département de l'intérieur ;

4° Le ministre secrétaire d'Etat au département des finances ;

5° Le ministre secrétaire d'Etat au département de la guerre ;

6° Le ministre secrétaire d'Etat au département de la marine ;

7° Le ministre secrétaire d'Etat au département de l'instruction publique, des beaux-arts et des cultes ;

8° Le ministre secrétaire d'Etat au département des travaux publics ;

9° Le ministre secrétaire d'Etat au département de l'agriculture et du commerce ;

D. Par qui les ministres sont-ils nommés ?

R. Ils sont nommés par le chef de l'Etat.

D. Quel lien de solidarité existe entre les ministres ?

R. Les ministres sont solidairement responsables, devant les Chambres, de la politique générale du gouvernement, et individuellement de leurs actes personnels.

D. Ils ont donc des attributions personnelles ?

D. Oui, chaque ministre a séparément l'administration de son département, dont les attributions sont définies sommairement par son titre.

D. N'y a-t-il pas une autorité chargée de la préparation des lois et règlements d'administration publique ?

R. Oui, il y a le conseil d'Etat, qui a dans ses attributions la préparation des lois et règlements.

D. Sont-ce là ses seules attributions ?

R. Il est encore chargé de résoudre les difficultés qui s'élèvent en matière administrative, de juger des appels du contentieux administratif et les appels comme d'abus, etc.

D. Quelle est l'autorité qui nomme à ces fonctions ?

R. Les conseillers d'Etat sont nommés par le chef de l'Etat.

D. Après le conseil d'Etat, que vient-il dans l'ordre de l'organisation gouvernementale ?

R. Après le conseil d'Etat, qui complète le gouvernement, vient l'administration.

D. Est-ce qu'il y a une différence entre le gouvernement et l'administration ?

R. Oui.

D. Faites-la connaître ?

R. Le gouvernement ordonne et l'administration exécute ses ordres.

D. Quel est le point d'appui de ces ordres ?

R. C'est la loi.

D. Y a-t-il plusieurs sortes de lois ?

R. Oui, il y a deux sortes de lois ; la loi écrite et la loi morale.

D. Qu'est-ce que la loi morale ?

R. La loi morale est celle qui, impose à chacun, dans le secret de sa conscience, un devoir, que nul ne le contraint à remplir, mais auquel il ne peut faillir sans se sentir coupable envers lui-même.

D. Comment définissez-vous la loi écrite ?

R. La loi écrite est une déclaration solennelle qui règle les droits et les devoirs, les intérêts et les rapports des citoyens entre eux et avec l'administistion du pays, et réciproquement.

D. De qui est-elle l'œuvre et quelle est l'étendue de son pouvoir ?

R. Elle est l'œuvre du temps et de la sagesse, la force du pays, la puissance d'un peuple et la sécurité de chaque citoyen.

D. Qui protège-t-elle ?

R. Elle protège le faible contre le fort et l'innocent contre le coupable.

D. N'impose-t-elle pas des prescriptions obligatoires ?

R. Oui, elle fixe un minimum de prescriptions que la société impose à tous ses membres sous des peines déterminées.

D. Doit-on obéir à cette loi ?

R. On lui doit une obéissance absolue.

La loi. — Son importance. — Autrefois, la loi était l'expression de la volonté du prince. Elle est aujourd'hui l'acte collectif du corps législatif, du Sénat et du pouvoir exécutif. La loi s'affirme immuable et perpétuelle, car elle relève de principes supérieurs et permanents qui obligent la conscience humaine. Elle nous apparaît alors dans toute sa grandeur, puisqu'elle n'est rien moins que le code des devoirs de l'homme envers lui-même, envers ses semblables, et, quelles que soient ses exigences. ses rigueurs, on ne peut néanmoins méconnaître ce qu'il y a de majestueux dans le respect de sa force et de grandeur dans la conscience du devoir.

Les projets de lois émanent de l'initiative du gouvernement ou de l'initiative des députés ou des sénateurs.

Ces projets sont soumis à l'examen du conseil d'Etat ou à une commission parlementaire choisie parmi les députés ou les sénateurs et discutés à la Chambre des députés, qui peut les rejeter ou les modifier et les adopter

S'ils sont adoptés par la Chambre, avec ou sans modification, on les envoie au Sénat qui peut aussi les rejeter ou les adopter avec ou sans modification.

Quand les deux Chambres ont adopté une loi, les ministres la soumettent à la signature du chef de l'Etat et elle est ensuite promulguée, c'est-à-dire publiée. Cette promulgation donne à la loi la force d'exécution.

Faite pour tout le monde avec une égale équité, elle s'impose à tous avec une égale rigueur. Sa force prépondérante est essentiellement dans le respect et l'obéissance que l'on a pour elle, et la sécurité de la société repose principalement sur sa fidèle exécution.

Profitez. chers élèves, de cet enseignement que vous recevez à l'école, pour acquérir de bonne heure cette précieuse éducation de vos devoirs, de vos droits et de l'obligation surtout de ne point violer l'ordre. L'ordre est la loi réalisée. C'est la loi qui préside à l'ordre après l'avoir engendré.

§ 2. — *De l'administration civile.*

La France est située dans la partie occidentale de l'Europe ; elle appartient à la zone tempérée. Sa population est de 38,095,150 habitants. C'est avant tout le pays du sentiment. c'est son défaut, mais c'est aussi sa gloire. S'il pèche par la tête bien souvent, il rachète cette faiblesse par le cœur.

D. Est-ce là tout ce que l'on peut dire de la France?

R. Non, car c'est le plus beau pays du monde, le plus doux à habiter, le meilleur à cultiver, le plus varié dans ses aspects, le plus riche en produits de toute sorte.

D Comment la France est-elle divisée ?

R. La France est divisée en départements, subdivisés eux-mêmes en arrondissements, les arrondissements en cantons et les cantons en communes. Ce sont autant de fractions du territoire français, dont la circonscription s'amoindrit à mesure qu'elle change de dénomination.

Ainsi le périmètre de l'arrondissement est plus petit que celui du département. — le canton est moins étendu que l'arrondissement, — et la commune est plus restreinte que le canton.

D. Combien y a-t-il de chefs-lieux d'arrondissement. de cantons, de communes ?

R. Il y a 362 chefs-lieux d'arrondissement, 2,868 cantons et 36,097 communes.

D. L'administration est-elle représentée dans ces différentes localités ?

R. Oui.

D. De quoi se compose l'administration civile d'un département ?

R. L'administration départementale se compose d'un préfet, d'un conseil de préfecture et d'un conseil général.

Celle d'un arrondissement se compose d'un sous-préfet, au chef-lieu d'arrondissement, et d'un conseil d'arrondissement.

Celle de la commune se compose d'un maire, d'un

ou plusieurs adjoints, suivant la population de la commune, et d'un conseil municipal.

D. Par qui les préfets. sous-préfets, les maires et adjoints sont-ils nommés ?

R. Les préfets, sous-préfets, les maires et adjoints de la ville de Paris sont nommés par le chef de l'Etat, sur la proposition du ministre de l'intérieur.

Les maires et adjoints des autres villes et des communes sont élus par les conseillers municipaux.

D. Quelles sont les attributions de ces différentes autorités ?

R. Le préfet est, dans son département, le représentant du pouvoir exécutif, du domaine de l'Etat et le tuteur des communes et des établissements publics. (Voy. *sous-préfet,* p. 168.)

D. De quoi est-il chargé ?

R. Il est chargé de faire exécuter les lois, décrets et ordonnances, les décisions prises par le conseil général, en ce qui concerne les intérêts départementaux, et de surveiller toutes les parties de l'administration publique.

Le conseil de préfecture est un tribunal institué pour juger les questions administratives. Il est composé de plusieurs conseillers et d'un secrétaire général.

Le secrétaire général de préfecture remplit auprès du conseil les fonctions de commissaire du gouvernement. Il est, en outre, chargé de diverses attributions spéciales dont la plus importante consiste dans la surveillance des employés de la préfecture et la direction du travail des bureaux.

Le conseil général, composé d'un conseiller par canton, vote, chaque année, les centimes additionnels. Ces centimes sont un supplément d'impôt qui constitue le budget dont le conseil général dispose pour en faire le meilleur emploi possible dans l'intérêt du département. Il fait la répartition des contributions directes entre les arrondissements. Réunis en session à la préfecture, les conseillers généraux discutent le budget de l'année suivante préparé par le préfet.

D. Qu'est-ce que le budget ?

R. Le budget de l'Etat est un tableau dressé chaque année par le ministre des finances, présentant d'une part les dépenses à faire pendant l'année suivante, et d'autre part les recettes probables dans la même période. Il est soumis à la discussion et à l'approbation des Chambres.

D. Quand le budget des recettes présumées est voté par les Chambres et approuvé par le chef de l'Etat, que reste-t-il à faire ?

R. Il faut en demander le sacrifice personnel aux contribuables : c'est ce que l'on appelle l'impôt, parce que chaque citoyen doit contribuer pour sa part aux charges communes.

D. Combien y a-t-il de sortes de contributions directes ?

R. Il y a quatre contributions qui sont :

1º L'impôt foncier, qui frappe sur le fonds, sur le sol des propriétés bâties ou non bâties et sur les champs et vignes ;

2º L'impôt sur les portes et fenêtres de ces bâtiments :

3º Sur le mobilier dont ils sont garnis et l'impôt personnel ;

4º Et sur le commerce par la contribution de la patente.

D. N'y a-t-il pas aussi des centimes additionnels ?

R. Oui. En outre des quatre contributions exigées par l'Etat, il est perçu au profit du département et des communes, des centimes additionnels.

(Voy. *Conseil général*, p. 166.)

D. Ne perçoit-on pas également un impôt sur les objets de consommation, tels que : le vin, l'eau-de-vie, les liqueurs, le sucre… ?

R. Oui. Cet impôt pèse particulièrement sur les familles qui dépensent beaucoup pour satisfaire au luxe de leur vie. Les autres familles, qui comptent avec leurs ressources et règlent leurs dépenses avec économie, sont moins atteintes.

D. En échange des impôts, que le contribuable verse au trésor public, que reçoit-il ?

R. l'Etat lui accorde, dans une certaine mesure, la protection et la sécurité dont il a besoin.

« Les revenus de l'Etat sont une portion que chaque citoyen donne de son bien pour avoir la sûreté de l'autre et pour en jouir agréablement. »

(MONTESQUIEU.)

D. N'y a-t-il que le budget de l'Etat?

R. Non, il y a encore le budget départemental et le budget communal, qui sont l'état des dépenses que le préfet et le maire présument avoir à faire dans l'année et l'indication des fonds et revenus affectés à ces dépenses, présumées devoir se réaliser pendant l'exercice.

D. Qu'est-ce qu'un exercice?

R. On entend par exercice le temps pendant lequel les crédits sont ouverts, et par crédits les sommes allouées pour le payement des dépenses.

D. Quand commence l'exercice?

R. L'exercice commence le 1er janvier et finit le 31 décembre de l'année qui lui donne son nom.

D. Quand ce budget est-il définitif?

R. Ce budget, délibéré par le conseil général, est définitivement réglé par décret du président de la République.

D. Après la clôture de l'exercice de ce budget, que fait le conseil général?

R. Le conseil général se réunit pour recevoir le compte que le préfet doit rendre des dépenses départementales. Ce compte budgétaire, provisoirement arrêté par le conseil général, est définitivement réglé par décret.

D. Les attributions du conseil général ne s'étendent-elles pas à tout ce qui intéresse le département?

R. Oui, le conseil général doit exprimer son opinion sur l'état et les besoins du département.

D. Il y a encore le sous-préfet, les conseillers d'arrondissement, les maires et les adjoints, et les conseillers municipaux; quelles sont leurs attributions?

R. Le sous-préfet exerce son autorité sous les ordres immédiats du préfet, auquel il est tenu de rendre compte de ses actes, qui peuvent être annulés ou réformés. C'est plus particulièrement un agent de transmission entre le préfet et les maires; il éclaire le préfet sur les besoins des communes, et il donne aux maires d'utiles avis dans ses entretiens familiers avec eux.

Le conseil d'arrondissement, composé également d'un conseiller par canton, est chargé d'opérer la sous-répartition des impositions entre les communes, et de faire valoir les intérêts de l'arrondissement.

Le maire administre les affaires de la commune avec le concours de ses adjoints et celui du conseil municipal, qui se compose d'un nombre de membres proportionné à la population de la commune. Le maire est aussi le délégué du gouvernement pour la publication et l'exécution des lois, des règlements et des mesures de sûreté générale.

Le conseil municipal, réuni en session, dresse chaque année le budget des recettes et dépenses de la commune. Ce budget est soumis à l'approbation du préfet, qui a la faculté d'y faire des changements.

§ 3. — *Administrations financières.*

D. Quelles sont les administrations financières et quelles sont leurs attributions respectives ?

R. Ce sont :

1° *Trésorerie*, sous la dénomination de *recettes générales* et *particulières*. — Les agents de cet ordre sont chargés du recouvrement des revenus publics et du payement des dépenses publiques.

2° *Enregistrement.* — L'enregistrement est une formalité qui donne date certaine aux actes sous signatures privées et contribue à l'authenticité des actes publics. En échange de cette garantie, il est perçu sur ces actes un impôt au profit du trésor.

3° *Contributions directes.* — Le budget fixe le montant de l'impôt exigible des contribuables ; il est réparti entre les départements. L'autorité départementale répartit à son tour, entre les arrondissements, le contingent qui lui est échu. Puis a lieu la répartition de quotité à la charge de chaque individu. Les

percepteurs ont la mission d'en poursuivre le recouvrement au moyen d'un titre nominatif appelé rôle.

4° *Contributions indirectes.* — L'impôt établi sur
les objets de consommation est recouvré par les
soins des employés de cette administration.

5° *Douanes.* — Il est perçu à la frontière française
un droit au profit de l'Etat sur certaines marchandises importées en France ou exportées de France.
C'est tout à la fois un impôt et une protection pour
le commerce et pour l'industrie nationale contre la
concurrence étrangère.

Les agents de ces différentes administrations (1° à
5°) sont nommés par le ministre des finances, ou par
les directeurs généraux délégués. Seuls, les préposés
des douanes sont nommés par le directeur des
douanes.

6° *Postes et télégraphes.* — Deux établissements
dirigés par le Directeur général des postes et télégraphes pour le transport des lettres et des imprimés
et pour la transmission des dépêches télégraphiques
à l'intérieur, dans l'étendue de la France, des colo-
nies et des Etats étrangers. A l'intérieur, le service
de la remise des correspondances et des dépêches
est fait par des facteurs. Les agents sont nommés
par le ministre et les facteurs par le préfet du département dans lequel ils exercent leurs fonctions.

7° *Cour des comptes.* — La cour des comptes est
instituée pour vérifier tous les comptes de recettes
et dépenses publiques. Les comptables des deniers
publics sont tous justiciables de cette cour et leur
responsabilité n'est dégagée que par un arrêt de
quitus. Les membres de cette cour sont nommés
par le chef de l'Etat.

§ 4. — *Administrations diverses.*

D. Quelles sont ces administrations ?
R. Ce sont :

1° *Instruction publique.* — C'est-à-dire l'enseignement donné et surveillé par l'Etat. Il a quatre
degrés : *primaire,* il embrasse tout ce qu'il est in-

dispensable de savoir ; — *professionnel et secondaire,* ils procurent l'instruction spéciale à chacune des carrières et celle nécessaire pour toutes les professions lettrées ; — *supérieur,* il comprend les connaissances qui forment la haute éducation intellectuelle.

Le préfet, dans son département, nomme les instituteurs, les institutrices, les instituteurs adjoints et les adjointes. Le ministre nomme à tous les autres emplois.

2° *Ponts et chaussées.* — C'est un corps d'ingénieurs qui se recrutent parmi les élèves sortant de l'école polytechnique et qui sont spécialement et exclusivement chargés de la direction et de la surveillance des travaux qui se rapportent à toutes les communications d'un intérêt général : les routes, les fleuves, les rivières navigables et flottables. Ils ont sous leurs ordres des conducteurs et des employés secondaires.

Les conducteurs sont nommés par le ministre des travaux publics, et les employés secondaires par le préfet dans son département. Parmi ces derniers sont les *piqueurs,* chargés de seconder les conducteurs dans la surveillance et la comptabilité du chantier

3° *Petite voirie.* — La petite voirie embrasse toutes les communications d'un intérêt local. Elle est urbaine ou rurale, selon qu'elle a pour objet les villes ou les campagnes. Il y a un agent-voyer chef au chef-lieu du département, un agent-voyer sous-chef au chef-lieu d'arrondissement, et un agent-voyer par canton. Il y a aussi des surnuméraires.

Tous ces agents sont nommés par le préfet.

4° *Forêts.* — Les agents supérieurs des forêts sortent de l'école forestière ; ils sont chargés de l'administration, de la conservation et de l'amélioration des forêts. Ils ont sous leurs ordres des brigadiers et des gardes pour la surveillance et la constatation des délits forestiers.

Ceux-ci sont nommés par le préfet

5° *Armée.* — C'est un nombre plus ou moins considérable de troupes. C'est une force publique destinée à maintenir la paix à l'intérieur d'un Etat et au besoin à agir contre les ennemis du dehors.

Les officiers sont à la nomination du chef de l'Etat, les sous-officiers, brigadiers et caporaux sont nommés par leur colonel.

D. Ces différentes administrations sont-elles représentées partout?

R. A l'exception de la cour des comptes, dont le siège est à Paris, ces administrations sont représentées :

1º *Au chef-lieu du département.* — Par un trésorier-payeur général, par un ingénieur en chef des ponts et chaussées, par un recteur ou un inspecteur d'académie, par les directeurs de l'enregistrement, des contributions directes et indirectes, des douanes, des postes et télégraphes, et le personnel des grades inférieurs, par des ingenieurs des ponts et chaussées, des agents-voyers, des inspecteurs des forêts là où il n'y a point de conservateur.

2º *Au chef-lieu d'arrondissement.* — Par des inspecteurs, sous-inspecteurs, conservateurs des hypothèques, receveurs, percepteurs, conducteurs, agents-voyers.

3º *Dans les cantons.* — Par des receveurs, percepteurs, gardes généraux des forêts, agent-voyer.

4º Quelques-unes sont représentées dans les communes.

D. L'armée et la marine sont-elles également représentées partout?

R. Oui. Il y a en France dix-huit corps d'armée dout les troupes sont disséminées dans les villes et lieux de garnison et dans les places fortes.

D. Qu'est-ce qu'un corps d'armée?

R. C'est une réunion de troupes sous les ordres d'un général de division avec le titre de commandant en chef de ce corps. Il se compose de deux divisions d'infanterie, une brigade de cavalerie, une brigade d'artillerie, un bataillon du génie, un escadron du train des équipages, des chasseurs à pied, du service des subsistances, des hôpitaux.

D. Par qui ces différentes armes sont-elles commandées en sous-ordre du général en chef ?

R. Chaque division est sous les ordres d'un général de division ; elle se compose de deux brigades.

La brigade, qui comprend deux régiments, est commandée par un général de brigade.

Le régiment se compose ordinairement, savoir : infanterie, de quatre bataillons : cavalerie, de cinq escadrons ; il est commandé par un colonel.

D. Quant à la marine, qu'en savez-vous ?

R. Il y a cinq préfectures maritimes : Brest, Cherbourg, Lorient, Rochefort et Toulon, commandées par un vice-amiral ou contre-amiral. Ces deux grades correspondent, le premier à celui de général de division, le second au général de brigade.

D. Y a-t-il un grade supérieur à ceux-là ?

R. Oui, il y a celui de maréchal de France, celui d'amiral, assimilés.

D. Quel est le chef de l'armée ?

R. Le ministre de la guerre est le chef de l'armée, sous les ordres du chef de l'Etat.

§ 5. *La force publique.*

La force publique est la réunion des forces individuelles organisées en vertu des lois pour maintenir les droits de tous, et assurer l'exécution de la volonté générale. C'est l'ensemble des agents chargés d'exécuter les ordres du pouvoir et les mandements de justice.

D. Quels sont les agents de l'autorité publique ?

R. Ceux qui sont investis d'une portion quelconque du pouvoir : l'armée, les huissiers, les commissaires de police, les gendarmes.

D. Il y en a d'autres encore ?

R. Oui, les agents de police préposés à la surveillance et au maintien de l'ordre et de la tranquillité dans une ville, dans une commune.

§ 6. *Fonctionnaire public.*

Définition. — Un fonctionnaire public est celui qui détient une portion, une partie de la puissance publique, par délégation de la loi, ou du gouvernement, dans l'ordre judiciaire. administratif, militaire.

D. Doit-on aux fonctionnaires publics des égards, du respect ?

R. Les fonctionnaires publics ont, au-dessus des autres citoyens, des devoirs de plus et sont d'une grande utilité, qui fait naître et justifie les égards et le respect que l'on porte aux hommes en place [1].

IV.

LE CULTE.

Le culte est l'hommage que l'on rend à Dieu par des actes de religion.

Dans les pays où plusieurs cultes reconnus s'exercent publiquement. l'amour du prochain, l'esprit de tolérance font vivre en paix les différentes religions à côté l'une de l'autre, avec le respect réciproque de leurs pratiques.

La tolérance est une condescendance à ce que l'on ne peut empêcher, ou qu'on croit ne devoir empêcher. C'est aussi un sentiment qui nous porte à respecter les formes diverses des cultes autres que le nôtre. Si donc les croyances religieuses sont différentes chez vous, par la divergence des cultes, ne vous en aimez pas moins, chers élèves, les uns les autres; accordez réciproquement votre estime aux croyants sincères, sans préjugé.

---

1. Il y a en France 806 000 fonctionnaires, agents et employés de toutes sortes par l'Etat, les départements et les communes.

Le préjugé est une opinion adoptée sans examen ; cette prévention peut rendre le jugement insensé.

Il y a trois cultes reconnus en France :

Le culte catholique,

Le culte protestant,

Le culte israélite.

V.

ORGANISATION JUDICIAIRE.

Justice fondée sur les principes de la loi. — La justice est le premier besoin des peuples, la sauve garde des gouvernements. C'est le plus ferme fondement sur lequel le monde repose, c'est le lien sacré de la société humaine, le frein nécessaire à la licence et le soutien favorable à la sujétion.

Elle est la vertu principale et le commun ornement des personnes publiques et particulières : elle commande dans les unes, elle obéit dans les autres ; elle renferme chacun dans ses limites, elle oppose une barrière invincible aux violences, aux entreprises, et elle affermit la raison sur les passions.

La justice a pour action de reconnaître le droit de l'autorité, ou d'une personne, et de lui accorder ce qu'elle demande et qu'il est juste qu'elle obtienne.

Elle ne se légitime pas seulement par la nécessité de faire droit à une juste réclamation, à la nécessité de défendre la société contre les criminels, elle a une origine plus élevée, elle participe du principe divin dont elle est une émanation. Le langage des nations ne s'y est pas trompé lorsqu'il appelle les palais où l'on juge du nom de : Temples de la justice.

La création de ce pouvoir judiciaire a d'abord révélé trois besoins :

1° *Une législation.* — Pour assurer l'ordre et la justice dans la société, il fallait nécessairement que les membres de ce corps social fussent tenus d'obéir à des règles de conduite ; que ces règles obligatoires établissent les droits et les devoirs de chacun ; qu'il y eût une sanction, un juge pour l'appliquer

2° *Une procédure.* — La procédure est une instruction préalable qui donne au juge la connaissance des faits litigieux, qui prépare sa conviction et fixe son opinion avec certitude. C'est aussi la forme suivant laquelle les justiciables et les juges doivent agir, les uns pour obtenir, les autres pour rendre justice à tous avec le même zèle et la même impartialité.

3° *Une jurisprudence.* — C'est-à-dire des règles tirées de l'interprétation des lois, de leur esprit, de leur volonté, ramenant à elle les opinions incertaines.

La société possède la puissance de faire ces lois, d'en assurer l'exécution, de juger les différends des particuliers et de punir les infractions aux lois. De là sont nés trois pouvoirs, déjà énoncés plus haut, ayant chacun sa sphère propre : le pouvoir législatif chargé de la confection des lois; le pouvoir exécutif qui veille à leur exécution, et le pouvoir judiciaire qui en fait l'application.

L'autorité judiciaire est confiée à des magistrats inamovibles soumis à la nomination du chef de l'Etat. Seuls les procureurs généraux, les procureurs de la République, les avocats généraux, les substituts et les juges de paix, quoique magistrats, ne jouissent pas du privilège de l'inamovibilité.

L'inamovibilité, c'est le droit de conserver ses fonctions sans pouvoir être déplacé, à moins de forfaiture, jusqu'à la limite d'âge fixée à soixante-quinze ans pour les magistrats de la cour de cassation ou à soixante-dix ans pour tous les autres magistrats des cours d'appel et des tribunaux de première instance : elle est, par conséquent, la garantie de l'indépendance des magistrats gardiens du dépôt sacré des grandes traditions.

Les magistrats n'ont pas à rendre compte de leurs décisions judiciaires. Ce qui forme en eux l'homme distingué, l'homme complet, c'est au plus haut degré la raison, le jugement, la perspicacité, la fermeté. Ils ont besoin d'une sensibilité noble et grave, d'une élocution claire et précise, d'une conscience intègre et éclairée. Toutes les facultés austères de l'homme doivent être perfectionnées dans ceux qui sont appelés à juger les hommes.

Les juges des tribunaux de commerce ne sont point inamovibles. Ils sont élus par les négociants.

La magistrature se compose : d'un premier président, d'un président par chambre et de conseillers à la cour de cassation ;

D'un premier président, d'un président par chambre et de conseillers dans chaque cour d'appel ;

D'un président, d'un vice-président et de juges dans les tribunaux de première instance.

C'est ce que l'on nomme la magistrature assise.

Et d'un juge de paix par canton.

La magistrature debout se compose :

D'un procureur général, chef du parquet, et de plusieurs avocats généraux près la cour de cassation ;

D'un procureur général, chef du parquet, d'un avocat général et de plusieurs substituts près la cour d'appel ;

D'un procureur de la République, chef du parquet, et d'un ou plusieurs substituts près le tribunal de première instance.

La poursuite des délits et crimes s'exerce au nom de l'action publique par un magistrat pouvant agir d'office, c'est-à-dire sans que personne lui en adresse la demande. Il a à sa disposition la police et la gendarmerie, avec l'aide desquelles il parvient à découvrir les coupables ; il les poursuit devant le tribunal compétent, qui prononce leur condamnation. Ce magistrat est le procureur général près la cour d'appel, le procureur de la République ou leurs suppléants.

À chaque audience civile, l'action publique est représentée par un magistrat du parquet que l'on appelle : Ministère public.

La magistrature consulaire se compose d'un président, de juges titulaires et de juges suppléants par chaque tribunal.

Le ministère public a mission de défendre la loi, les tribunaux celle de l'appliquer ; le justiciable doit la subir et la société la respecter.

Mais, répétons-le, pour disposer de la vie, de la fortune, de l'honneur d'autrui ; pour représenter un vrai magistrat, il faut s'élever au-dessus de l'homme.

Nomenclature des tribunaux suivant la nature des matières soumises à leur juridiction.

Justice de paix } civil,
                    simple police,
un par canton.

Première instance } affaires civiles,
                       — correctionnelles,
un par arrondissement.

Cours d'assises : affaires criminelles,
une par département.

Tribunaux de commerce : limités à certains chefs-lieux de département et d'arrondissement.

Cours d'appel } affaires civiles,
                    — correctionnelles,
ayant juridiction sur plusieurs départements.

. . . .

Cour de cassation : une seule à Paris.

Justice de paix : — *D.* Qu'est-ce qu'un juge de paix ?

R. Le juge de paix est un magistrat institué pour juger sommairement, après tentative de conciliation, les contestations de sa compétence, et pour essayer la conciliation de celles dont le jugement appartient aux tribunaux de première instance.

D. La loi exigeant impérieusement le préliminaire de la conciliation avant l'introduction d'une instance, quelle est la démarche à faire pour tenter cette conciliation ?

R. Sur la requête verbale adressée au juge de paix par une personne qui se croit fondée à exercer une action en justice contre un tiers, ce tiers est invité par ce magistrat à se présenter devant lui aux jour et heure indiqués. Si l'invité défère à cette invitation, les parties sont mises en présence et leurs explications contradictoires peuvent amener la conciliation; sinon, le demandeur est autorisé à citer son adversaire devant le juge compétent.

D. Quelle est la mission du juge de paix dans la tentative de conciliation ?

R. Le président du bureau de conciliation est un simple médiateur qui n'a d'autre mission que celle de prévenir le procès. Ses fonctions purement conciliatrices font disparaître le caractère du juge ; il ne fait dans la circonstance qu'un acte de juridiction gracieuse.

D. De la tentative à la conciliation, le passage semble bien difficile ?

R. Sans doute. Il exige du président une grande modération, beaucoup de tact et la sagacité qui discerne ce qu'il y a de plus caché, de plus confus, de plus obscur dans une affaire où la ruse et la mauvaise foi peuvent se produire et faire violence à la vérité.

D. Alors le magistrat président, homme de bon conseil, fait voir aux gens prêts à se lancer dans l'arène judiciaire les dangers auxquels ils s'exposent?

R. Oui. il les éclaire sur les inquiétudes, les pertes, les résultats possibles de leur opiniâtreté ; il essaye d'émouvoir la pitié d'un créancier trop rigoureux, de réveiller la bonne foi d'un débiteur trop cauteleux, enfin, de les faires transiger.

D. Quelles sont les conséquences de la conciliation?

R. La bonne harmonie succède au désaccord, l'union aux querelles, la paix à la guerre. La conciliation rapproche les personnes déjà séparées ou disposées à l'inimitié.

On ne saurait trop louer et la loi qui prescrit la tentative de conciliation et le président de ce bureau qui se pénètre assez vivement de son esprit moralisateur pour consacrer toute son intelligence au succès de cette tentative.

Plût à Dieu qu'on réglât ainsi tous les procès !
Que des Turcs en cela l'on suivît la méthode !
Le simple sens commun nous tiendrait lieu de code :
    Il ne faudrait point tant de frais,

> Au lieu qu'on nous mange, on nous gruge,
> On nous mine par des longueurs ;
> On fait tant, à la fin, que l'huître est pour le juge,
> Les écailles pour les plaideurs.
>
> (LA FONTAINE.)

D. Après la tentative de conciliation restée infructueuse, que se passe-t-il?

R. Le demandeur porte son action devant le juge de paix. Président conciliateur, il y a un instant, ce magistrat s'était dépouillé de son caractère de juge, il le reprend ici pour entendre les parties dans leurs moyens de demande et de défense et prononce sa sentence.

D. Le juge de paix a-t-il d'autres attributions que celle de prononcer des sentences ?

R. Le juge de paix appose les scellés sur les meubles des personnes décédées et dont les héritiers sont absents ou mineurs. Il préside les conseils de famille qui s'occupent des intérêts des enfants mineurs et des interdits. Il est aussi appelé à se prononcer sur les contraventions.

Tribunaux de première instance. — *D.* Quelles sont les attributions de ces tribunaux ?

R. Ces tribunaux sont institués pour connaître : les uns de toutes les actions civiles et des appels des jugements prononcés, en premier ressort, par les juges de paix ; les autres, des actions en matières commerciales.

Cour d'appel. — *D.* Quelle est l'attribution générale de ces cours ?

R. Leur attribution générale est de connaître souverainement des appels des jugements de première instance.

D. Dans quel cas fait-on appel d'un jugement?

R. On fait appel d'un jugement de justice de paix, ou de première instance, quand on croit que la cause a été mal jugée.

Cour de cassation. — *D.* A quoi sert cette juridiction ?

R. Elle sert à maintenir, dans tout le territoire

français, l'unité de législation et de principes et pour veiller à ce que les différentes juridictions restent dans les limites que la loi a tracées. Elle est ainsi la suprême autorité en matière d'interprétation des lois.

D. Quand doit-on avoir recours à la cour de cassation ?

R. Quand on croit que la loi a été violée par les juges qui ont prononcé la sentence.

Instance. — *D.* Qu'est-ce qu'une instance ?

R. L'instance est la poursuite d'une action devant un juge, ou devant le tribunal.

D. Comment introduit-on l'instance ?

R. Toute action civile devant le juge de paix est introduite par une citation.

D. Qu'est-ce qu'une citation ?

R. La citation est l'acte par lequel on somme une partie de comparaître devant le juge de paix.

D. Si l'on veut introduire l'instance devant le tribunal civil, quel sera le premier acte ?

R. Le premier acte introductif de cette instance sera une assignation;

D. Est-ce que l'assignation diffère de la citation ?

R. Non, cet acte change simplement de nom parce qu'il s'applique plus particulièrement au tribunal de première instance et à la cour d'appel.

D. Les formes de la procédure sont-elles les mêmes devant la justice de paix, les tribunaux de première instance et les cours d'appel?

R. Non, devant la justice de paix, les parties peuvent se présenter en personne et y soutenir directement leurs prétentions. Devant les tribunaux de première instance et les cours d'appel, les formes sont plus solennelles : l'intervention d'un avocat et le ministère d'un avoué sont utiles, indispensables.

Avocat. — *D.* Qu'est-ce qu'un avocat?

R. L'avocat est un homme qui a fait une étude spéciale des lois et qui peut aider ainsi le tribunal ou la cour à préparer son jugement ou son arrêt.

A ceux qui ont besoin de son assistance, il donne les conseils et leur prête l'autorité de sa parole.

Avoué. — *D.* Qu'est-ce qu'un avoué ?

R. L'avoué est un officier ministériel mandataire de ses clients ; il est chargé par la loi de les représenter en justice et, en cette qualité, il rédige les actes de la procédure : il les fait signifier et il règle la marche selon les besoins de la cause.

Huissier. — *D.* Dans l'organisation judiciaire n'entre-t-il pas aussi un autre officier ministériel ?

R. Oui, il y a l'huissier.

D. Quelle est son utilité, quelles sont ses attributions ?

R. Pour mettre régulièrement les citoyens en relation avec la justice, — pour faire consacrer un droit, — pour faire cesser un abus, — pour réprimer une contravention, un délit, un crime, — pour appeler devant les tribunaux la personne qui a intérêt à se défendre, — pour constater légalement qu'elle a été mise en demeure de comparaître, il fallait un agent.

Il fallait un agent pour mettre à exécution les sentences de la justice, afin que ses décisions ne fussent pas illusoires ni abandonnées au bon plaisir des parties.

Enfin il fallait un agent pour le service intérieur des tribunaux.

Ainsi, actes préparatoires, — préliminaires sans procès, — instruction du procès, — instruction de la cause, — exécution de la sentence, — service d'audience, tout exige le concours d'un agent indispensable à cette grande et sainte chose qui se nomme l'administration de la justice.

L'huissier est né de ces besoins.

Tribunaux correctionnels. — *D.* N'y a-t-il pas aussi des tribunaux correctionnels ?

R. Oui.

D. Quelle est leur attribution ?

R. Ils connaissent des délits de toute nature et les juges de ces tribunaux appliquent aux délinquants les peines prononcées par la loi.

Cour d'assises. — *D.* Qu'est-ce que la cour d'assises ?

R. C'est un tribunal chargé de juger les crimes.

D. Quelle est sa composition ?

R. Un président, pris parmi les conseillers de la cour d'appel, deux assesseurs pris parmi les conseillers ou les juges de première instance ; le procureur général, ou son suppléant remplissant les fonctions d'accusateur public, et douze jurés.

D. Qu'est-ce que le jury et comment se recrutent les jurés ?

R. Tous les électeurs pouvant concourir à l'élection d'un député constituent le jury établi dans chaque département. A chaque session de cour d'assises, on tire au sort les jurés qui doivent faire partie de cette cour.

D. Quelle est la mission des jurés ?

R. Les jurés sont là exclusivement pour se prononcer sur l'existence d'un crime, ou sur la part qu'y a prise l'accusé, ou sur sa non-culpabilité.

D. Quelle est ensuite la mission des juges ?

R. Suivant la déclaration du jury, le président prononce l'acquittement de l'accusé, s'il est reconnu innocent, ou bien il lui applique la peine édictée par la loi, s'il est déclaré coupable.

Tribunaux militaires. — *D.* N'y a t-il pas encore des tribunaux militaires ?

R. Oui. Les graves infractions à la discipline militaire sont de la compétence des tribunaux spéciaux désignés sous le nom de conseils de guerre. Ce sont des officiers qui remplissent les fonctions de juges.

Prud'hommes. — *D.* Les patrons et les ouvriers n'ont-ils pas également un tribunal spécial pour juger leurs différends ?

R. En effet, il y a le tribunal des prud'hommes, chargé de se prononcer sur les difficultés intervenues entre l'ouvrier et le patron, et réciproquement. Les juges sont élus en nombre égal dans ces deux catégories de citoyens.

VI.

ECONOMIE. — EPARGNE.

§ 1ᵉ. — *Économie politique.*

L'économie politique est la science qui traite des intérêts de la société, qui embrasse les principes relatifs à la formation, à l'accroissement et à la conservation des richesses. Elle comprend aussi les divers modes suivant lesquels le travail et les capitaux productifs concourent à la production des valeurs formant le principal objet des recherches de cette science.

§ 2. — *Économie sociale.*

Celle-ci embrasse dans leur ensemble tous les intérêts moraux et matériels de la civilisation. L'objet principal qu'elle se propose est l'amélioration réelle et progressive de l'homme physique et de l'homme moral.

§ 3. — *Économie domestique.*

L'économie domestique renferme les principes qui sont les plus propres à procurer un genre de vie en harmonie avec sa condition, et une somme de bonheur telle que l'homme raisonnable qui sait se contenter de ce qu'il a se trouve satisfait. C'est l'ensemble des règles générales qui régissent l'emploi de chaque chose dans un ordre qui fasse éviter les pertes ; c'est l'exacte appréciation des besoins réels et l'art d'y pourvoir avec sagesse et prévoyance, jusqu'à nous garantir des honteuses habitudes de nécessités factices et intempérantes.

D. Ces définitions sommaires, que vous apprennent-elles en résumé ?

R. Elles nous apprennent que l'économie est la règle conservatrice de la fortune d'un Etat, d'une société, d'une maison et qu'il faut être prévoyant jusqu'à l'épargne.

§ 4. — *L'épargne.*

L'épargne est une restriction apportée à la dépense! C'est une vertu salutaire dans la vie de l'homme, elle fait naître dans son esprit et dans ses habitudes des idées d'ordre, d'économie et de prévoyance.

On met ses économies à l'abri de toute tentative de gaspillage et de dépenses inconsidérées en les déposant à la caisse d'épargne.

La caisse d'épargne est fondée, suivant les principes les plus stricts de notre législation et de nos mœurs. pour exciter à l'épargne et à là prévoyance tous les individus des classes laborieuses et salariées.

Désirant faire participer de bonne heure les élèves à cette sage habitude de prévoyante économie, M. le Ministre de l'Instruction publique a recommandé d'introduire dans les écoles primaires l'usage de la caisse d'épargne scolaire.

On sait très bien comment on économise sou à sou dans les familles peu aisées: c'est en prélevant l'excédant des besoins dans le cas où il n'est pas d'une absolue nécessité dans le ménage. Mais on n'ignore pas que les besoins factices sont tellement multipliés et impérieux de nos jours que l'on résisté peu à l'entraînement des dépenses inutiles et que l'on dissipe, dans un moment irréfléchi, ce qu'on avait eu peine à amasser.

La caisse d'épargne oppose un frein salutaire à toute séduction aux fantaisies qui pourraient laisser des regrets après y avoir satisfait, si l'on contracté la bonne habitude de verser les petites sommes dont on peut disposer, à mesure qu'on les reçoit, le retrait de ce dépôt étant soumis à une formalité de garantié morale.

Caisse d'épargne scolaire. — Son mode est très simple. Les élèves prélèvent une partie ou la totalité des petites sommes qui leur ont été données par leurs parents et la remettént à l'instituteur. Celui-ci reçoit ces versements, si modiques qu'ils soient; et les inscrit sur un registre *ad hoc* où chaque élève a un compte ouvert à son nom. Il lui est remis un *duplicata* de ce compte. La préfecture fournit à cet effet des feuilles imprimées pour registre de caisse ou *duplicata*.

Lorsque le montant des dépôts successifs atteint, pour la première fois 1fr 25, l'instituteur verse cette somme à la caisse d'épargne, où elle est employée :

1 franc, à titre de dépôt.

0fr,25 pour le prix du livret constatant ce dépôt. La préfecture fournit également des formules de bordereaux des sommes à verser à la caisse d'épargne.

Puis l'instituteur continue à recevoir les sommes épargnées, qui lui sont remises par l'élève, en ayant soin de les inscrire sur son registre, 't ce n'est que lorsqu'elles atteignent de nouveau le chiffre minimum d'un franc qu'il fait un nouveau versement.

Ce livret, délivré par la caisse d'épargne, est remis à l'élève pour qu'il le communique à ses parents, afin qu'ils puissent suivre les progrès de leur enfant dans la voie de l'économie.

Quand il s'agit de retirer les fonds déposés, avant la majorité de l'élève, c'est son représentant légal, son père, sa mère, tutrice, ou son tuteur, qui ont seuls qualité pour demander à effectuer ce retrait sous leur signature.

Les élèves ne sauraient trop confier leurs petites économies à la caisse d'épargne scolaire et apprendre, par cet usage fréquent, à être prévoyants.

D. Quels sont les résultats de la prévoyance et de l'économie ?

R. D'abord, l'amélioration morale, puis la réforme des habitudes de gaspillage si communes chez les enfants.

D. Sont-ce là les seuls effets de l'économie ?

R. Non, en pratiquant de bonne heure l'économie, l'enfant se prépare en grandissant à être prévoyant, et la prévoyance est un des éléments principaux de la civilisation qui entretient, au sein des familles, une parfaite harmonie de volonté et d'action qui fait le charme du foyer domestique.

D. Vous est-il bien facile d'économiser ?

R. Oui. en résistant à l'entraînement des dépenses inutiles.

D. Comment pourriez-vous résister à cet entraînement ?

R. En déposant nos petites épargnes en main tierce aussitôt qu'elles nous sont acquises et qu'il nous est libre d'en disposer.

D. La caisse d'épargne scolaire a pour but précisément de vous encourager dans cette voie en amassant vos économies sou à sou.

R. Nous sommes heureux de trouver dans l'école ce moyen salutaire pour nous préserver contre les séductions d'une fantaisie qui nous laissent des regrets en dissipant sans avantage l'argent que nous pourrions plus utilement employer.

M. le Ministre de l'Instruction publique a recommandé aux préfets et aux maires de s'intéresser à cette institution afin de multiplier, dans les écoles primaires communales, l'usage de la caisse d'épargne.

Pour son succès, cette bienfaisante institution a besoin d'être rigoureusement maintenue dans les limites d'une sage et intelligente discrétion, car s'il est utile d'apprendre l'épargne aux enfants, il faut aussi les préserver contre l'entraînement d'une concurrence irréfléchie qui la démoraliserait en dépassant le but.

Pour nous, la pensée de cette création a le mérite de disposer les enfants à faire le *sacrifice* des petites sommes qui leur sont données à titre de *récompense* ou pour *leurs jeux*. Il faut nécessairement qu'ils éprouvent une *privation réelle* pour avoir le mérite de l'économie et de la prévoyance, car s'ils disposaient seulement du superflu d'une trop grande abondance, ils n'éprouveraient pas de privation et par conséquent pas d'enseignement.

Afin de maintenir à cette institution son véritable caractère, l'enfant devrait faire connaître, à chaque versement, l'origine de la somme offerte et l'instituteur ne devrait accepter que celle dont l'origine serait d'accord avec l'esprit véritablement prévoyant et économe.

VII.

SERVICE MILITAIRE OBLIGATOIRE.

Du service militaire obligatoire, qui n'est pas encore de votre âge. nous voulons cependant, jeunes garçons, vous dire deux mots pour vous préparer à, y réfléchir à mesure que vous vous rapprocherez du terme où il vous faudra payer votre dette à la patrie.

L'enfant appartient à sa famille. Il se doit aussi à son pays ; mais il ne contracte réellement l'obligation de le servir que lorsqu'il a acquis les perfections qui l'y rendent propre.

Le pays a le devoir de préparer les enfants à satisfaire plus tard à cette obligation en leur enseignant les devoirs et les droits d'un bon citoyen. C'est pour cela que vous recevez par l'école, l'éducation morale et l'instruction qui vous permettent de participer un jour aux affaires de votre pays, et, en relevant le niveau de l'éducation physique par le, gymnase, le gouvernement veut faire de vous des hommes capables de le servir et de le défendre. bien persuadé que l'honneur et le courage s'allient toujours mieux à la force quand ils sont soutenus par, la vertu. l'instruction, la vigueur et la santé.

Il y a aussi l'école du soldat où la première chose, qu'on apprend c'est la religion du drapeau, de ce drapeau dans les plis duquel flotte l'âme de la patrie, et qui nous montre à tous le chemin de l'honneur. Là, viennent s'affermir les sentiments d'honneur, d'obéissance au devoir, à la discipline.

Quand vous aurez atteint l'âge de vingt ans. vous, passerez tous par cette école, à moins d'infirmité qui vous en dispense, ou profitant d'une exemption, prévue par la loi.

LOI MILITAIRE,

Aux termes de la loi du 16 juillet 1889, tout Français doit le service militaire *personnel*. (art. 1er.)

Ce service a une durée de 25 années. (art. 2.)

Il est obligatoire pour les jeunes gens ayant atteint l'âge de 20 ans révolus. (art. 10.)

Ils font partie successivement :

De l'armée active pendant 3 ans.

De la réserve de l'armée active pendant 7 ans ;

De l'armée territoriale pendant 6 ans ;

De la réserve de l'armée territoriale pendant 9 ans. (art. 37.)

La durée du service, compte du 1er novembre de l'année du tirage, et l'incorporation du contingent du 16 novembre de la même année. (art. 40.)

Le service militaire personnel a pour résultat l'égalité pour tous les hommes. Vos aînés, chers élèves, sous ce régime, apportent à l'armée leur concours sous toutes les formes, et ainsi se trouvent réunies toutes les forces vives de la nation mises en avant par toutes les intelligences.

Cette armée est la France dans sa jeunesse et, dans ses grandeurs, toujours forte et passionnément-éprise de son honneur. Elle est l'instrument aveugle, impersonnel et muet de la France. Le soldat ne doit pas penser, ne doit pas vouloir, il sert et ne doit qu'obéir. Telle est la tradition, telle est la vérité.

Cet abandon de soi-même, cette abnégation stoïque, cette abdication de toute personnalité, constituent ses vertus militaires encore plus que l'héroïsme du champ de bataille, et, loin de l'avilir, cette servitude consciente et volontaire est la raison même de sa grandeur.

Votre tour viendra d'en faire partie, préparez-vous à vous rendre digne de perpétuer les nobles et glorieuses traditions de vos aïeux, de vos pères et de vos plus jeunes aînés, et, le jour où vous serez appelés sous les drapeaux, entrez dans les rangs de l'armée avec le sentiment du devoir, la volonté et l'énergie de défendre le sol de la France, si l'étranger tentait de l'envahir.

Dès maintenant, chers élèves, commencez par aimer et respectez le drapeau de la France.

« Ce drapeau, petite chose en apparence, grande chose par ce qu'elle signifie. Le drapeau n'est-il pas le signe auquel se reconnaît une nation ? Ses fastes historiques, ses institutions, ses lois, ses coutumes, sa vie, tout est là ; là, dans ce morceau d'étoffe que les vents tourmentent, ou qui pend négligemment sur sa hampe. Il se lève, on se lève avec lui ; il marche, on le suit ; il s'agite dans la mêlée, on l'entoure, on le défend au péril de sa vie. Les balles, les sabres, les épées se disputent ses lambeaux. Ce n'est plus qu'une guenille, et devant cette guenille, abreuvée de gloire, les tambours battent aux champs, les soldats portent les armes. Debout, enfants, voilà la France qui passe. Vive la France ! »

Oui, chers élèves, le drapeau est le symbole de l'unité de la Patrie et personnifie la patrie elle-même, dans ce qu'elle a de plus auguste et de plus sacré.

C'est un devoir pour les jeunes filles de s'unir à leur père et à leur mère dans un même sentiment de patriotisme national pour le faire aimer et pour affermir, s'il est besoin, au cœur de leurs frères, de leurs parents, de leurs amis, appelés au service militaire, leur dévouement au culte de la patrie jusqu'au suprême sacrifice.

Va, Raymond, tu ne peux savoir quel charme austère
A, pour un cœur vaillant, le métier militaire,
Quelle abnégation, sous des sorts différents,
Quelle vertu modeste on trouve dans nos rangs.
Enfant de la patrie, à sa mère fidèle.
Le soldat, en retour, offre ce qu'il tient d'elle ;
Sachant que ce qu'il doit ne peut être acquitté,
Il donne tout, son corps, son âme, sa fierté.
Il supporte la faim, le froid, et sait se taire,
Le jour, se rue au feu, la nuit, dort sur la terre ;
Il obéit, il court de ses dangers passés
A des dangers nouveaux sans jamais dire : Assez !
La mort n'est à ses yeux qu'une loi de la guerre,
Un impôt dont on est au pays tributaire,

Et si, dans les combats, il tombe pâlissant,
Il ne demande rien pour prix de tout son sang.
Devant ses yeux éteints et que la mort va clore
L'image du pays se dresse et brille encore.

(Auguste FRAISSE.)

VIII.

LA PATRIE. — LE PATRIOTISME.

§ 1er. — *La patrie.*

> Il faut aimer la patrie, non pour sa
> grandeur et sa beauté, mais parce
> que c'est la patrie.   (SÉNÈQUE.)

« Pour bien comprendre ce qu'est le patriotisme et quels devoirs il nous impose, il importe souverainement de savoir ce qu'est la patrie et ce que nous devons en elle honorer, aimer et servir.

» Ce qui fait la patrie, ce n'est pas la terre qui nous porte, ce ne sont pas les frontières tracées par la nature, consenties par les traités ou imposées par la conquête. Sur le même sol, des nations différentes peuvent se succéder ou habiter ensemble. Les frontières d'un peuple avancent ou reculent avec le succès ou les défaites ; le droit aveugle et inique de la force peut arracher aux flancs d'une nation des provinces entières sans les enlever à leur patrie, et la théorie des frontières naturelles a été, dans tous les siècles, le prétexte de l'ambition et de la conquête.

» Sans doute, le sol de la patrie doit être vénéré et aimé, mais il ne possède par lui-même, ni cette consécration, ni ces séductions incomparables ; elles lui viennent des sentiments qui constituent le patriotisme.

» Ce qui fait la patrie, ce n'est pas la race. Dans notre Europe, les races ont été mêlées par les invasions et par les alliances, et sous nos yeux, plusieurs nations appartiennent à une même grande race antique, où une même patrie compte ses fils parmi des races secondaires nombreuses et diverses.

» Ce qui fait la patrie ce n'est pas la langue, bien que son influence et son ascendant ne puissent être contestés. La Suisse, qui est une, parle trois langues ; les Etats-Unis d'Amérique parlent l'anglais et les peuples de l'Amérique du Sud ont conservé la langue espagnole de leurs conquérants.

» Les mêmes souvenirs, les mêmes intérêts, les mêmes affections, les mêmes espérances sont évidemment une des grandes puissances, une des grandes séductions de la patrie, et à ce point de vue, elle est une grande famille qui a ses traditions vénérables, ses liens doux et sacrés, son héritage de biens matériels, de croyances, de vertus, d'honneur et de gloire. Amour de la patrie, a dit Lacordaire, sentiment profond et exclusif qui se nourrit de l'histoire du passé et des souvenirs de notre vie personnelle, où se rapporte tout ce que nous avons vu, fait et été depuis les jours bénis de notre enfance jusqu'aux agitations de notre maturité et à la perspective de notre tombeau.

» C'est bien là ce qui fait surtout le charme de la patrie, ce qui, à travers les océans et malgré les années écoulées, émeut si profondément le cœur de l'exilé, ce qui nous ramène par une mystérieuse attraction aux lieux où a reposé notre berceau et où dorment ceux que nous avons aimés. Aussi la patrie, fût-elle obscure et pauvre, trahie et dévastée, nous l'aimons comme on aime une mère, et notre amour s'accroît avec ses épreuves et avec ses douleurs.

» Et pourtant, tout cela, ce n'est pas la patrie tout entière, ce n'est pas l'essence de la patrie.

. . . .

» Il est un centre premier de la vie nationale, un foyer de tous les sentiments qui constituent le patriotisme, une force intime, essentielle que nous nommerons l'âme de la patrie.

» De même que, dans l'homme, l'âme est le principe de la vie, et, selon le langage de la philosophie, la forme qui le distingue des autres êtres et qui lui fait une place à part dans la création, ainsi l'âme d'un peuple est la source de sa vie, elle le fait reconnaître parmi tous les autres peuples, et elle constitue l'essence même de la patrie. De même que, dans le corps humain, l'âme est partout présente par son activité et par sa force, ainsi, jusqu'aux extrémités les plus lointaines de son territoire, partout où passe le drapeau national, et partout où il existe un membre de cette grande famille, l'âme de ce peuple est présente dans son honneur et dans sa puissance, partout elle s'émeut devant l'hommage du respect ou elle frémit sous la flétrissure de l'outrage . . . . .

. . . .

« C'est donc évidemment à ce principe de la vie nationale, c'est à cette âme de la patrie que sont dus le respect, l'amour, le dévouement de ses fils, c'est l'âme de la patrie qu'il faut avant tout aimer, honorer et servir. »   X.

§ 2. — *Le patriotisme.*

« Le patriotisme, dans sa notion la plus simple et la plus vraie, est l'amour de la patrie. Cet amour est une des plus nobles passions qui puissent émouvoir le cœur de l'homme et inspirer sa vie. Quand elle est forte, généreuse, vaillante et que, s'élevant à la hauteur de l'objet aimé, elle donne dans l'élan du sacrifice, repos, fortune et la vie elle-même, elle devient une grande, une admirable, une sublime vertu.

» Aussi, le patriotisme est la première richesse, la première puissance d'un peuple. Là où il est vivant dans l'âme de tous, là où son ascendant grandit avec le péril, tôt ou tard la victoire et le salut viendront. Là où il unit tous les cœurs, où il apaise les dissensions fatales, où il domine tous les intérêts personnels et toutes les ambitions des partis, même au lendemain des plus cruels revers, et au milieu des ruines les plus désolées, il relève tous les courages, il concentre toutes les ressources, il unit en un faisceau invincible toutes les forces vives d'un pays, et, dans un suprême élan, il ramène les bataillons au combat, et le drapeau national sur le chemin de la victoire. »   X.

D. Voyons, chers élèves, si vous avez bien compris ce qu'est la patrie. Qu'est-ce que la patrie ?

R. C'est là où sont nos liens, nos affections de famille, nos intérêts, nos droits nos libertés, nos espérances. « Les hauts faits du passé. les épreuves, les larmes répandues, le sang généreusement versé, le trésor sacré des grandes inspirations et de l'honneur national ; ce qui fait la patrie, ce qui fait la France, c'est son âme. »

D. Qu'est-ce que le patriotisme ?

R. Le patriotisme est l'amour de la patrie.

D. En quoi consiste cet amour ?

R. L'amour de la patrie consiste à travailler à sa grandeur, à nous inspirer de grands exemples de patriotisme de notre histoire nationale, à respecter et honorer ces traditions qui consolent, instruisent et donnent au courage une plus grande force morale par le mépris de la mort.

L'amour de la patrie exige encore le sacrifice de soi-même, — l'oubli de la famille, — l'éloignement de ses affections les plus chères, — l'abnégation de toutes ses jouissances. L'amour de la patrie, c'est l'irrésistible entraînement à se dévouer, corps et biens, pour défendre la liberté, l'indépendance de son pays, et, l'âme toute vibrante de patriotisme, vous devez. chers élèves, en grandissant, vous préparer sans hésitation à immoler votre bonheur pour assurer le sien.

§ 3. — *Le dévouement.*

Nous voici arrivé insensiblement à découvrir ce qu'est la solidarité humaine. La solidarité humaine est une noble et magnanime inclination à soulager la misère par des actes de générosité, à sympathiser à la souffrance, à la calmer ; à nous secourir mutuel-

lement les uns les autres dans le besoin, dans le
péril, dans le malheur avec la promptitude du dévouement.

C'est aussi la plus chaleureuse expression de reconnaissance pour les services reçus et l'ardente
disposition à se dévouer avec zèle, et l'abnégation
la plus absolue, au devoir de la réciprocité.

Elle se manifeste avec éclat dans les institutions
de moralité et de bienfaisance créées pour le soula-
gement et le bonheur de l'humanité.

Elle se produit héroïquement et se montre plus
sensible dans les cas d'incendie et de naufrage, où
les sentiments de dévouement et de gratitude, qui
en sont la substance, sont mis plus directement en
contact.

En voici deux exemples.

Le premier : Un cri lugubre : « Au feu ! » retentit
dans l'air. Le tocsin sonne l'alarme ! Aussitôt la
foule s'empresse à courir vers le lieu du sinistre.
Elle ne demande pas le nom de l'incendié, elle se
porte précipitamment à son secours ; elle satisfait
ainsi aux mouvements de l'âme qui mettent en action les sentiments généreux et compatissants.

Tous les bras sont à l'œuvre, sans distinction de
personne ; pauvres, riches, amis, ennemis se confondent et sont unis dans le même devoir de fra-
ternité.

L'atmosphère est embrasée : des colonnes de feu
jaillissent par toutes les ouvertures d'un grand édifice. Les pompiers, cette légion qui élève le devoir
jusqu'au mépris de la mort, s'agitent au milieu d'un
torrent de flammes.

Des cris affreux, partant d'un étage supérieur,
apprennent aux spectateurs terrifiés qu'une femme
et deux enfants n'ayant pu fuir vont être brûlés vifs.

A peine ces cris se sont-ils fait entendre que deux
de ces hommes, obéissant à ce devoir qui impose le
silence à leur cœur comme à leur raison, tentent
d'appliquer des échelles contre un mur déjà calciné
et presque en ruine.

Chacun attendait avec anxiété le résultat de cette

tentative. Oh ! malheur, par trois fois ils sont repoussés noircis, léchés par les flammes.

Soudain à l'horreur du tumulte succède l'horreur d'un silence sinistre. L'appel au secours devient plus distinct. Les bras tendus, et dans un effort suprême, la pauvre mère, se croyant abandonnée, elle et ses enfants, jette au ciel son dernier cri de désespoir.

L'incendie monte, monte toujours et bientôt les secours deviendront inutiles. Déjà tenter une nouvelle épreuve serait s'exposer volontairement à une mort presque certaine.

Mais pour ces hommes vaillants, intrépides, couverts de sueur et de boue, plus le danger est imminent, plus leur courage grandit. Ils montent une quatrième fois aux échelles et parviennent enfin à atteindre les infortunés et à en opérer le sauvetage au milieu des bravos et d'un immense tressaillement de joie.

Ces bravos, les acclamations de la foule sont l'expression de la reconnaissance publique, et l'heureuse mère pressant ses deux enfants sur son cœur, en les mouillant de larmes, adresse à leurs sauveurs les plus chaleureuses expressions de sa gratitude.

Mais ils ne sont plus là ; retournés au foyer de l'incendie, ils concourent à en éteindre jusqu'aux dernières étincelles.

Le second : En mer, le dévouement est le même, car il ne mesure pas le danger.

Une mer furieuse et couvrant de montagnes d'eau un sloop, monté par dix hommes, allait se briser contre cette sinistre coalition du vent et des flots.

C'était courir une mort certaine que de tenter le salut de ces inconnus dont les cris ne se percevaient plus que par de longs intervalles.

Sur le quai, balayé par la tourmente et ruisselant sous la pluie, plusieurs personnes se présentent ; ce sont de hardis pêcheurs, des vaillants, des intrépides. La tempête formidable, une mer en courroux ne font qu'augmenter leur impatiente ardeur : ils sont pourtant pères de famille, mais, comme ces braves pompiers, ils ne connaissent que le devoir qui parle plus haut que l'affection.

Ils s'élancent dans le canot de sauvetage, les cravates dénouées, les vareuses ouvertes par le haut, laissant à nu leur cou musculeux ; les cheveux envolés, fouettés par le vent, se dressent sur leurs têtes.

Debout, à l'arrière, l'un d'eux. l'œil fixe, les lèvres serrées, étudiant chacune des vagues énormes qui s'avancent sur le canot. comme des monstres la gueule ouverte pour l'engloutir, d'un coup de son aviron de queue tente de les couper en biais.

C'est une lutte de toutes les secondes contre un péril sans cesse renaissant. Pas un mot ne s'échange entre ces hommes résolus, déterminés et calmes en face de l'effroyable danger qui les menace.

Enlevé par les lames, le canot bondit ; il monte au sommet d'une vague et s'abaisse tout à coup, puis il se relève, avance vers la lugubre épave ; secoué, battu, inondé, il approche, il arrive, il touche au bâtiment naufragé.

Les matelots du sloop, à demi morts de faim, de fatigue et de froid, sont recueillis par le canot de sauvetage.

Mais la mer vaincue va prendre sa revanche ! Elle se précipite gonflée, grondante, tumultueuse sur cette frêle embarcation, elle se dresse comme une haute muraille, et retombant d'un bloc elle engloutit d'un seul coup, sous l'effroyable écrasement de la vague, le canot et les malheureux qui le montaient. Puis, soudain le canot renversé remonte à la surface des flots..... il était vide.

Les témoins de cette longue et pénible agonie, tristement impuissants à porter secours aux naufragés, restaient sur le quai sous le coup d'une poignante émotion de douleur , mélangée néanmoins d'un sentiment de fierté orgueilleuse pour l'héroïque conduite de leurs parents, amis et compatriotes.

L'éloquence du silence fut un suprême adieu, l'éloge public.

Cette dramatique histoire, le sublime dévouement,

la mort héroïque, la guerre au paupérisme par la bienfaisance et la civilisation, et l'émulation, sous toutes ses formes, au bien, sont réellement autant de témoignages visibles de la solidarité humaine. Notre devoir à tous, chers élèves, est d'en partager les fatigues, les périls et l'infortune, comme aussi les joies, l'honneur et la gloire.

> Unis par bienfaisance, unis par infortune.
> Nos maux seront communs et notre gloire commune.
>
> (DELILLE.)

Unis par la bienfaisance et par l'infortune, soyons aussi liés par l'amitié.

L'amitié est un penchant de l'âme, une inclination naturelle à observer ce précepte : *Aime ton prochain comme toi-même.* C'est-à-dire que nous devons nous témoigner des égards mutuels, une mutuelle affection, une réciproque bienveillance et un dévouement égal.

Mais ce sentiment a aussi ses défaillances et la plus sûre amitié parfois délaissée sans cause gémit de cet abandon.

Le cœur le plus fort a des moments de faiblesse et c'en est une que de se laisser opprimer par la douleur ; car, si la calomnie toujours prompte à égarer le jugement sans maturité, la foi chancelante toujours docile à l'inconstance éloignent de vous l'amitié, par respect pour votre innocence, chers élèves, pour la fermeté de vos sentiments, restez calmes et dignes en face de cette injure et, sans ressentiment pour cet abandon, attendez qu'un bon mouvement de l'âme vous rende cette affection qui s'est retirée d'elle-même par un motif secret : une curiosité indiscrète humilierait votre juste fierté.

CHAPITRE V.

De l'éducation sociale dans l'école primaire.

I.

LA SORTIE DÉFINITIVE DE L'ÉCOLE.

Chers élèves, voici l'heure d'apprendre à agir, à compter sur vous-mêmes, à avoir foi aux effets du travail, à diriger votre volonté dans cette voie, à vous défier d'une trop haute et fatale ambition et surtout des fortunes gagnées sans efforts.

Le moment de faire choix d'un emploi, d'une profession, d'un métier est solennel. C'est la recherche du titre de noblesse de l'homme, de la femme. Quel que soit le choix de leur préférence, ce titre leur donne leur véritable importance ; il les sépare des fainéants et des inutiles qui n'ont jamais été pour les nations qu'une chose stérile, il est le témoignage social le plus viril et le plus efficace, en même temps qu'il est la source des satisfactions les plus pures que nous puissions éprouver. Ce choix fait, il faut aimer son état parce qu'il est utile socialement, parce qu'il est personnellement fructueux, parce qu'il est la dignité, parce qu'il est l'habitude de chaque jour, parce qu'il est la retraite dans la famille, parce qu'il est l'espoir.

Bien que tous les hommes soient admissibles à toutes les places, à tous les emplois publics selon leur capacité et sans autres distinction que celle de leurs vertus et de leurs talents, et que les femmes aient leur part dans cette distribution d'emplois, ne vous laissez pas séduire par les illusions de la jeunesse qui croit toujours aller loin, arriver haut et pour qui l'avenir a des perspectives dorées, ni par un trop grand amour de vous-mêmes, par une aveugle obstination à vous croire supérieurs à ce que vous êtes réellement, ou par un orgueilleux dédain à repousser les conseils de la prudence.

Avant de vous exposer à de fâcheuses et cruelles déceptions, de nature à compromettre votre avenir, prenez le soin de vous consulter en famille pour savoir quel rôle vous allez jouer, car en ce monde chacun a le sien dans l'œuvre commune de l'humanité ; que l'on occupe le haut. le milieu ou le bas de l'échelle sociale, il faut s'appliquer à se faire un caractère noble qui assure la considération d'où dépend le plus ou moins d'autorité morale ; puis, pour apprendre à découvrir vos aptitudes. vos vocations avec une probabilité suffisante pour satisfaire un jugement attentif et prudent.

La vocation est une inclination qu'on se sent pour un état plutôt que pour un autre.

L'aptitude est une disposition naturelle qui contredit ou règle la vocation en disposant nos facultés soit à l'art, aux sciences, soit à une carrière professionnelle, ou simplement à un état manuel, à un métier.

On appelle métier l'exercice d'une profession manuelle : ouvrier. celui qui manie l'outil ou l'aiguille. C'est une capacité acquise par la seule pratique individuelle. C'est une pure coutume.

La carrière professionnelle se distingue du métier par la médiation de quelques principes qui font appel à l'intelligence, au jugement.

L'art, dans son acception la plus étendue, est le sentiment du beau devenu science du beau. C'est l'instinct devenu raison. L'art suppose un enseignement soumis à des règles ; il a une doctrine, on n'y parvient qu'avec l'aide de la réflexion, de l'expérience et d'une aptitude effective.

Quant à la science, c'est un système de connaissances théoriques, elle vérifie et discute les règles de l'art, elle a pour but de diriger et d'éclairer la pratique.

« M. Arago, lors de ses célèbres leçons d'astronomie descriptive, remarquait, parmi les auditeurs assidus à son cours, un vieillard qui se tenait habituellement au fond de la salle où avait lieu sa conférence.

» A la fin de chaque démonstration, ce vieillard agitait la tête de haut en bas ou de gauche à droite, voulant, par ce signe, indiquer qu'il avait compris ou qu'il ne comprenait pas ce que le professeur venait de dire.

« M. Arago s'attacha à cet homme, et, chaque fois qu'il remarquait son mouvement de tête de gauche à droite, il recommençait sa démonstration une seconde et même une troisième fois jusqu'à ce qu'il ait obtenu son approbation par le coup de tête de haut en bas. »

Voilà la science, la vraie science modeste, qui ne croit pas déroger en se mettant à la portée de tous, s'affaiblir en se montrant bienveillante et qui ne veut s'imposer que par le talent de la persuasion.

Parmi les élèves sortant des écoles primaires. il y en a très peu qui soient doués du génie de l'art, des aptitudes de la science ; beaucoup sont plus propres aux carrières professionnelles, au bureau, au commerce, à l'industrie et plus généralement au métier.

C'est une illusion de l'esprit, une trompeuse espérance de croire. et de laisser croire aux enfants, qu'en sortant de l'école primaire avec le brevet supérieur, et même simplement avec le brevet élémentaire, ils sont en état d'occuper tous les emplois.

Vanité, chimère. Une orgueilleuse ambition à une destinée plus élevée que ses capacités et impuissante à réaliser, produit les déclassés sociaux.

Le déclassé est celui ou celle qui, possédant une instruction modeste, s'entretient dans des espérances et des rêves d'avenir irréalisables. Aigri, humilié par d'amères déceptions et ne consultant plus que son égoisme vaniteux et sa haine implacâble, il confond, dans un même anathème, sa famille et la société, qu'il rend responsables de ses cruels déboires, et il devient un des plus actifs périls pour elles.

Afin de vous prémunir, chers élèves, contre ce redoutable écueil, comparez, avec un grand esprit de justice, votre instruction avec les connaissances nécessaires à l'emploi, à la fonction, à la profession, au métier que vous désirez ; que cette comparaison vous rende modestes dans vos désirs, dans vos espérances et bien inspirés dans vos choix.

II.

CHOIX D'UNE PROFESSION, D'UN MÉTIER.

Aussitôt que l'on accepte un emploi, ou que l'on exerce un métier. une profession quelconque, on engage immédiatement sa responsabilité matérielle et morale et elle devient la garantie de la probité professionnelle.

La responsabilité matérielle est l'obligation de répondre de ses actions. Elle s'engage effectivement toutes les fois que nous manquons aux obligations que la loi nous impose et à celles qui peuvent causer à autrui un préjudice, un dommage qu'il faut réparer.

La responsabilité morale réside dans le sentiment du devoir par lequel s'accomplit une œuvre dont, en dehors de toute prescription légale, on se reconnaît garant dans l'intimité de sa conscience.

La voie qui conduit le plus directement au sentiment moral, c'est la probité professionnelle, cet attachement sévère au devoir, au respect des engagements. à la parole donnée ; la loyauté dans ses relations. la recherche d'une honnête réputation publique.

De cette vérité première, passons au choix d'un état.

D'où vient que généralement le fils ne continue pas le métier, la profession de son père, que la jeune fille voit d'un œil de mépris celui de sa mère ? cet éloignement ne serait-il par l'effet des indiscrétions décourageantes de leurs parents ?

Est-il sans exemple qu'un père, qu'une mère gémissent, en présence de leurs enfants, sur leur condition que la convoitise rend malheureuse ? qu'ils se lamentent, avec une douloureuse amertume, sur les inconvénients de leur métier ? Ils lui reprochent l'insuffisance des salaires ou des bénéfices qui ne sont pas en rapport avec les obligations qu'il impose, avec les fatigues et la rigoureuse assiduité qu'il exige ; ils rabaissent sa valeur et déprécient ses avantages, oubliant qu'il les fait vivre, qu'il leur procure l'aisance, la fortune même quand ils associent les efforts de l'intelligence à l'activité, la conduite et l'économie. C'est ainsi que peu à peu ils déposent dans l'esprit de leurs enfants une invincible antipathie pour leur état, leur métier, leur profession.

Cependant, le père et la mère seraient plus capables que toute autre personne d'enseigner à leurs enfants ce que l'on cache à l'indiscrète et jalouse concurrence. Elevés dans l'atelier, au bureau, aux champs, dans l'industrie, dans le commerce, ils s'habitueraient en grandissant et prendraient goût, connaissant leur voie, aux détails ingénieux de cet enseignement. Ainsi préparés, ils arriveraient avec l'âge de raison, les conseils et la direction de leurs parents, à se perfectionner plus vite que ne pourraient le faire un apprenti, un surnuméraire placés ailleurs que chez eux, auxquels ces ressources manquent, et ils se créeraient de bonne heure une position enviable.

Mais ne semble-t-il pas que l'intention des pères et des mères soit de faire de leurs enfants quelque chose de supérieur à eux ? On serait tenté de le croire en voyant les moins favorisés de la fortune rechercher, avec plus d'empressement que de réflexion et de modestie, les professions libérales, les emplois publics pour des enfants qu'une instruction primaire insuffisante rend incapables de bien gérer ; ou, cédant à une aveugle présomption, ils les abandonnent à l'imprévu et bientôt les économies de la famille, réalisées par des sacrifices de privations, ne peuvent plus suffire à prévenir un désastre, à sauver leur considération.

A côté de cette ambitieuse imprévoyance se placent les enfants qui ont la bonne volonté de travailler, mais qui sont détournés de leur voie par le penchant à l'imitation. Un jeune homme veut être menuisier, par exemple, son camarade veut l'être aussi, voilà l'imitation ; elle est d'autant plus fâcheuse que, plus tard, quand l'aptitude professionnelle se dégage des incertitudes et s'affirme, quand le jeune homme s'aperçoit qu'il a peu de vocation pour le métier qu'il a entrepris, il se relâche de sa première ardeur, se laisse aller au découragement et il tombe dans le dégoût; pour se relever de cet abattement moral il embrasse, sans maturité de jugement, avec un empressement inconscient, une nouvelle profession qu'il abandonne de nouveau après quelques essais infructueux, et ainsi se détermine peu à peu l'inconstance professionnelle et de là à ne rien faire il n'y a qu'un pas, on s'y laisse naturellement glisser.

A cet âge il faut des observations bien fines pour s'assurer de la vocation et de l'aptitude d'un enfant qui montre plus ses désirs que ses dispositions, si l'on ne l'a pas disposé, préparé et dirigé de longue main dans la voie correspondante à ses facultés.

D. Dites-nous, chers élèves, s'il vous paraît bien nécessaire d'exercer une profession, un métier dès que vous êtes parvenus à l'âge de raison ?

R. Oui, il faut que le jeune homme et la jeune fille fassent choix d'une profession, d'un métier qui leur donne le moyen de gagner honorablement leur vie par l'intelligence et le savoir.

D. Très bien. Mais qui doit régler ce choix ?

R. Notre vocation, notre aptitude.

D. Si votre aptitude s'accorde avec votre vocation, vous pouvez suivre la voie où votre instinct mystérieux vous pousse. Mais, à défaut de vocation, que devez-vous faire?

R. Nous devons nous laisser diriger par les conseils de nos parents, plus capables que nous d'apprécier nos facultés actives.

D. Ne devez-vous pas aussi vous défendre d'une ambition orgueilleuse?

R. Nous devons, en effet, éviter soigneusement de nous laisser séduire par de faux calculs ou de fausses espérances.

D. Pour obtenir un emploi dans l'administration, aux écritures, dans le commerce, dans l'industrie, dans les différents bureaux particuliers, ne faut-il pas préalablement faire la preuve d'une capacité relative?

R. Oui. cela est exigé.

D. Quel est le témoignage apparent le plus propre à établir cette capacité?

R. C'est le certificat d'études primaires.

D. A quel âge peut-on concourir pour l'obtention de ce certificat d'études primaires?

R. A onze ans au moins.

D. Comment obtient-on ce certificat?

R. Ce certificat s'obtient après un examen subi avec succès devant un jury de l'instruction publique sur les matières de l'enseignement primaire.

D. Que prouve-t-il?

R. Ce diplôme est la garantie ordinaire d'une intelligence et d'une instruction moyennes et dispense de plus longues études.

D. Ne vaudrait-il pas mieux poursuivre ses études jusqu'au brevet élémentaire de capacité?

R. C'est presque de toute nécessité pour ceux, parmi nous, qui aspirent à se faire une place dans les rangs secondaires de l'administration et dans les bureaux particuliers.

D. Qu'atteste-t-il de plus que le précédent?

R. Il atteste que le candidat à l'emploi qu'il sollicite possède l'instruction primaire plus avancée.

D. A quoi devez-vous donc vous préparer, jeunes filles et jeunes garçons qui prétendez à occuper ces emplois?

R. A bien passer nos examens et obtenir le brevet, ou tout au moins, le certificat d'études qui est pour nous de première nécessité.

D. Peut-on néanmoins prospérer dans son métier, dans l'atelier, aux champs avec cette instruction élémentaire ?

R. Certainement : un bon ouvrier peut devenir un habile patron, un intelligent laboureur un bon métayer, et vivre très honorablement.

D. L'instruction seule suffit-elle à cette prospérité ?

R. Non, il faut y joindre le travail, l'ordre, l'économie, la persévérance d'une sage et honnête conduite sans lesquels on ne pourrait rien faire de bien, rien faire de profitable à ses intérêts.

III.

CONSEILS AVANT D'ENTRER DANS LA SOCIÉTÉ.

> Aimez qu'on vous conseille et non pas qu'on vous loue.
>
> (Boileau.)

Quand vous quittez l'école primaire, jeunes élèves, à l'âge où l'on peut déjà apprécier si l'on a ou si l'on n'aura pas la dignité de soi-même. votre instruction est relativement terminée. Cependant, vous vous abuseriez étrangement en vous croyant en possession de la science. Vous avez acquis le brevet de capacité, et mieux encore le brevet supérieur, vous n'avez réellement obtenu. par ce double succès, qu'une instruction élémentaire et il vous reste à faire de nouveaux efforts d'intelligence pour parvenir à féconder la semence de vos premières études et à en agrandir le champ par la constance de vos travaux.

Ce que vous emportez véritablement de l'école, et selon vos aptitudes, ce sont des connaissances appropriées à vos futurs besoins, de bonnes habitudes d'esprit, une intelligence ouverte, éveillée, des idées claires, du jugement, de l'ordre et de la justesse dans la pensée et dans le langage.

Mais votre éducation n'est point encore achevée. Vous avez reçu d'excellents principes de morale et la théorie d'une bonne conduite ; il vous reste à parfaire cette éducation dans la société où s'ouvre pour vous une nouvelle existence.

Commencez d'abord par bien comprendre que c'est un budget que la vie ! on le dépense plus ou moins vite selon ses appétits. Une existence bien réglée, où l'activité morale est en rapport avec les forces physiques, se soutient longtemps dans un milieu uniforme et salutaire. Elle s'y soutient d'autant mieux qu'on reste attentif et fidèle aux nobles traditions.

La tradition est le bien des générations qui se succèdent, elle est le patrimoine laborieusement acquis par l'expérience des siècles écoulés, elle est, partout où elle a conservé son influence, la sauvegarde des familles, des nations.

La tradition, ce sont donc, par rapport à vous, chers élèves, les antécédents d'honneur, de probité. de travail que vous transmettent vos parents et dont ils ont le droit de s'honorer.

Soyez fiers de ce titre glorieux, de cet héritage précieux, ce sont vos quartiers de noblesse : recevez-les comme un dépôt spécial que l'honneur vous commande de conserver et de transmettre, à votre tour, à ceux qui plus tard porteront votre nom.

Uue sorte d'aveuglement, habilement ménagé par la nature, vous présente l'existence comme une proie désirable que vous aspirez à saisir.

Mais prenez garde, vous voilà à peine sortis de l'enfance, et déjà il ne vous suffit plus d'être quelqu'un, vous prétendez aussi être quelque chose : vous visez à l'effet comme on vise à l'esprit, vous vous souciez bien moins d'être que de paraître, vous pensez à vous et vous cherchez avec passion ce qui n'est que le cauchemar de votre propre succès. Vous réclamez votre part de liberté et d'indépendance et vous réagissez contre l'éducation par une illusion de votre âge qui vous fait confondre la liberté qui est un droit, une jouissance limités, la condition de l'épanouissement de vos facultés, la garantie de votre travail. avec la liberté et l'indépendance absolues qui sont la négation de la famille et de la société.

La possession de nous-mêmes ne nous affranchit par de l'obéissance aux lois naturelles qui règlent nos affections, aux lois civiles qui nous imposent des devoirs réciproques, à la pratique des convenances sociales ; soumise à toutes ces choses, la liberté absolue n'est qu'une fiction.

L'indépendance absolue est également une dissimulation, un déguisement de la vérité, car, si l'indépendance consiste à faire ce que l'on croit le mieux de ses intérêts, elle a aussi pour limites le respect des lois et des droits d'autrui.

Elevez-vous donc. chers élèves, dans le progrès d'une droite et intelligente conception, faites-vous, sur toutes choses, une opinion propre, et n'oubliez jamais de chercher dans les traditions un contre-poids aux exagérations, aux séductions des théories mal équilibrées.

Un des plus agréables privilèges du jeune âge, c'est la facilité des relations qui s'improvisent, en quelque sorte, entre ceux ou celles que le hasard réunit. Il leur suffit parfois d'une heure ou deux pour arriver à la familiarité d'une camaraderie qui n'aurait peut-être pas plus d'abandon si elle avait commencé avec la vie. Défiez-vous de ce premier mouvement d'abandon. Ne vous livrez pas sans réflexion, étudiez le caractère de vos nouvelles connaissances, soyez attentifs à leurs sentiments, et si vous ne rencontrez pas d'idées saines, morales, éloignez-vous d'elles.

Dans ce monde, où tout est nouveau pour vous, il y a de bien mauvaises habitudes. D'un côté, la fréquentation des lieux où le luxe et le confort jurent avec la pauvreté, avec la misère intérieure d'un grand nombre de familles. Là on y boit sans besoin, on y joue sans plaisir, on discute sans connaissance, on s'y passionne sans nécessité. Là, encore, le bruit, l'étourdissement des joies bruyantes, toutes les dissipations ; des buées d'alcool, des effluves partout, de la décence nulle part. Celui qui va chercher ses plaisirs dans ces lieux ne se trouve plus bien chez lui ; gai. folâtre, plein d'humeur joyeuse dans cette société d'une philosophie triviale et cynique, où trop souvent le cœur s'avilit, l'esprit s'altère, où de riches intelligences s'atrophient et deviennent un obstacle au développement de la grandeur humaine, il est chez lui maussade, misanthrope ; s'il est marié, il est dans son ménage égoïste, despote et d'une tyrannie insupportable, parce qu'il est sorti de la vie uniforme, douce et tranquille que l'on trouve au milieu de ses affections au foyer domestique.

D'un autre côté, on remarque trop souvent aussi un amour déréglé du luxe, cet impôt que la vanité paye à l'industrie et dont la jouissance et l'entretien sont peu compatibles avec la médiocrité des ressources honnêtes. L'espoir présomptueux de paraître au-dessus de ce que l'on est véritablement, le désir de plaire par l'affectation d'une toilette prétentieuse, d'une vanité de parures ridicules, extravagantes, tels sont les écueils que les jeunes filles ne savent point toujours éviter. En se donnant ces décevantes et puériles satisfactions d'un sot amour-propre, elles outragent la simplicité, la modestie de leur condition, la morale publique et s'exposent au mépris de leur dignité et à l'insulte. Et, au lieu de contracter de bonne heure l'austère et rigoureuse habitude du travail assidu et incessant, l'ivresse de la vanité et les plaisirs faciles les livrent sans défense à la mobilité de leur esprit, aux dérèglements de leur imagination ; alors elles ne sont plus bien là où il y a des devoirs à remplir ; elles changent de place, d'état, de condition fréquemment, sans regret, sans autre cause que leur inconstance. Et, pour justifier la légèreté de leur conduite, elles calomnient les bienfaiteurs qu'elles quittent auprès de ceux dont elles sollicitent la faveur. C'est de la démence !

La meilleure protection contre cette corruption de mœurs, c'est l'éducation qui enseigne les principes de justice, d'ordre, de respect, de dignité personnelle, de fierté patriotique et de solidarité sociale ; qui préserve la jeunesse des pièges tendus à son inex·périence, des défaillances de l'esprit et du cœur et lui fait goûter les jouissances de la famille, les joies pures de l'amitié et les plaisirs décents de son âge. C'est par cette éducation que l'on trouve dans la dignité de sa vie et dans la noblesse de ses sentiments le moyen de faire face à toutes les éventualités et d'être ce que l'on doit être dans toutes les circonstances.

Quant à vous, chers élèves, élevez-vous dans la pratique de cette forte et salutaire éducation, qui fait aimer la liberté qui protège, la morale qui éclaire, la science qui féconde et le travail patient, intelligent, édificateur, ce travail qui purifie les hommes, qui féconde, conserve, améliore les sociétés.

Elevant et fortifiant de plus en plus votre cœur au culte de la patrie, à l'amour de la famille, à la passion du bien, au sentiment du droit, au respect du travail, à l'esprit de solidarité qui unit le pauvre au riche, et par la sévérité de vos mœurs, le respect de la loi, la force de la discipline, et puissamment secourus par ce trésor de l'âme, cette lumière de l'esprit, vous fuirez les jouissances grossières, les satisfactions de la vanité et vous resterez fidèles au travail, à l'honneur, au foyer domestique où s'entretiennent tous les sentiments d'une sincère et inaltérable amitié. Nulle part vous ne trouverez plus de charme que dans l'union des familles qui se communiquent leurs joies, leurs douleurs, leurs craintes et leurs espérances, ni plus de force, de résignation pour supporter l'adversité.

Que si vous êtes contraints de quitter vos parents, vous vous maintiendrez toujours dignes de leur amour, vous mettrez tout votre bonheur à les honorer, vous vous ferez un légitime souci d'une bonne renommée, la gloire de mériter l'estime et la confiance de vos chefs, de vos supérieurs et la considération publique.

IV.

SOCIABILITÉ.

§ 1er. — *Le monde.* — *La société.*

L'apprentissage terminé, vous voilà, jeunes garçons et jeunes filles, empressés d'entrer dans la société, où chacun apporte sa note dans le grand concert du monde.

Dès le jour de votre naissance, vous faites partie de ce monde, mais vous n'entrez effectivement dans la société que lorsque vous avez acquis l'éducation morale, l'instruction intellectuelle et civique qui vous y rendent propre.

La société, avec ses inégalités de moyens, de force de richesse, d'esprit et d'intelligence, est le perfectionnement de l'humanité. Cette inégalité même est le ressort de la société où tout est disposé en hiérarchie, et où nous sommes liés les uns aux autres par une chaîne de lois et de privilèges équivalents.

Dans son acception la plus étendue, la société se compose de tous les hommes qui peuplent la terre et par « *tous les hommes* » il faut entendre tout le genre humain, l'humanité dans son expression la plus grande.

La société française se compose de tous les hommes, de toutes les femmes et de leurs familles qui habitent la France.

Cette société générale se subdivise en groupes de personnes sympatiques les unes aux autres par des analogies de naissance, d'éducation, d'habitudes, ou par leur position hiérarchique, par leurs goûts et leurs tendances communes que l'on appelle le monde formé de milieux différents. Chaque groupe a ses réunions particulières, ses plaisirs en commun. Dans les conversations se rencontrent la raison

solide, — l'imagination active qui colore, — la sen
sibilité qui émeut. — l'esprit avec ses délicatesses,
— chacun apporte sa note dans un concert familier
et plein de charme où préside la politesse tradition-
nelle de toute bonne société.

Les leçons pratiques de l'éducation vous en-
seignent ces premiers éléments avec assez de détails
et de précision, pour que vous puissiez, avec les
progrès de l'âge, les bien comprendre et en faire
votre profit. Il nous reste cependant à appeler votre
attention sur certaines tendances de la société mo-
derne, tendances dangereuses qui exposent le cœur
et l'esprit à bien des défaillances quand elles ne com-
promettent pas à jamais le bonheur de la vie.

La société n'est, en effet, que le monde fractionné
en groupes. Ces groupes s'appellent des milieux
sociaux. Il y a nécessairement parmi eux des diffé-
rences de conditions, non pas absolues et constantes,
mais incessamment relatives et variables.

Dans ces milieux, on y rencontre des âmes pures
et à toute épreuve, des cœurs généreux, des intelligences élevées, des richesses d'esprit, des dévouements sublimes, des familles probes et honnêtes
remarquables par l'instruction et l'éducation ; des
sociétés qui s'honorent par la civilisation de leurs
mœurs, par le sacrifice de leur bonheur à leurs devoirs, par le combat quotidien contre le dérèglement
de la vie.

Mais on y rencontre aussi des sociétés funestes
où la morale est méconnue, outragée, où le diapason
de la vie est surfait, dévié par l'entraînement des
mauvaises passions et où le principe d'autorité est
discuté, méprisé.

Une jeunesse enthousiaste, d'une éducation im-
prévoyante, laisse son intelligence se prendre à la
frivolité et, au lieu de lui donner l'aliment fortifiant
de l'étude, se nourrit avidement d'émotions ardentes,
d'impressions développées par l'abus de l'imagination.

Des gens avides et ambitieux qui, ne pouvant se
faire une situation dans la vie régulière, courent
après les aventures de l'imprévu. On découvre en

eux que le sens moral a perdu ses droits et que le relâchement de la conscience publique est trop souvent complice de leurs défaillances.

Autrefois, la gloire était dans le silence. Aujourd'hui, l'âpre soif des jouissances, de la célébrité n'a jamais brûlée d'un feu plus dévorant la poitrine des hommes. Le besoin de briller, le besoin de jouir, l'égoïsme sous ses deux formes les plus absolues, consume les forces vives et dessèche les sources les plus fécondes de la prospérité nationale.

Jaloux de ce misérable bruit qu'on appelle la publicité, on veut être cité, imprimé ; on recherche cette surexcitation bizarre de la célébrité des journaux, on subit les séductions d'une vanité mobile et les entraînements d'un sot orgueil.

Infatué de soi-même, de plus en plus présomptueux, le jeune homme se croit la science infuse, et vaincu par les désillusions d'une imagination dépravée et la lutte pour la vie, il arrive trop souvent au découragement, quand ce n'est point à un désespoir irrémédiable.

La société a aussi ses bas-fonds dépourvus de sensibilité physique et morale. On y rencontre des instincts cruels, des germes de méchanceté qui fomentent dans le cœur comme le poison dans la fleur, la volupté de la paresse, l'ivresse du vice, l'abrutissement moral, la corruption de l'âme qui dégradent la plus magnifique des créations du Tout-Puissant.

On peut être, par sa naissance, fatalement obligé de vivre dans un milieu contaminé, plein de misère, entouré d'exemples dissolvants, voué aux conseils perfides, où subsistent néanmoins des analogies de position, d'hiérarchie, des tendances communes. On ne se dégage pas toujours facilement des liens que la vie de famille jettent parfois autour du cœur, mais l'éducation qui enseigne à l'enfant la dignité de sa nature, le respect de soi-même, lui donne la force, l'énergie morale de combattre cette affreuse destinée, et, tout en témoignant une tendresse ardente à ses parents, il échappe à cette contagion de mauvaises mœurs, il oppose une victorieuse résistance à l'adversité, et, par un suprême effort de la volonté fermement résolue, il se dérobe à son contact et se relève émancipé de cette condition abjecte.

Cette lutte dans la famille est, d'ailleurs sous toutes ses formes dans la société, la condition de l'humanité. C'est pourquoi, à son début dans le monde, la jeunesse a le devoir d'accepter courageusement cette grande bataille de la vie quotidienne, elle stimule l'intelligence, elle donne du relief, de la couleur à l'existence, elle fait envisager la vie comme un bien suprême que des esprits mal équilibrés considèrent comme désespérante.

§ 2. — *Entrée dans la société.*

Jetés tout à coup dans cette foule tumultueuse et hétérogène, au milieu du conflit des grands et des petits intérêts, entrez-y, jeunes gens, avec prudence, avec le respect de ses lois, avec le besoin de vivre, de vous mêler les uns aux autres et de nouer ces relations de la vie sociale.

Cette entrée dans la société, répondant à votre désir, est pour vous, en quelque sorte, l'aube fraîche et la rayonnante aurore de l'existence, un enchantement qui commence, une perspective radieuse pleine de promesses et d'espérances qui s'ouvre. Vous y apportez d'abord ce privilège de votre nature, ce capital d'illusions, d'enthousiasme, de poésie, de confiance déjà éclairés par les conseils et par la réflexion. Puis l'éducation morale qui donne de l'élévation aux sentiments, de la délicatesse dans l'expression, une politesse bienveillante, l'urbanité du langage, la courtoisie, le tact, ce puissant enseignement des convenances, et, pour complément, la civilité qui prouve la distinction de l'esprit.

Mais vous avez à faire une sérieuse expérience de la vie réelle qui commence, et d'en garder une gravité précoce.

En effet, votre éducation sociale ne fait que commencer, vous avez encore à acquérir, avec l'âge et le contact d'une société honorée d'estime et de con-

sidération, ces vertus viriles : la conscience raison-
née du devoir, l'intelligence lucide de la vie. la vi-
sion nette du but que vous vous proposez d'atteindre,
l'expérience, ce fruit amer mais précieux dans la
vie, de toutes les choses pratiques et positives qui
jouent un rôle important dans l'existence et qui vous
sont indispensables pour entrer utilement dans le
grand courant de la civilisation, où se font les échan-
ges matériels et intellectuels au profit du progrès
qui est la loi du genre humain.

§ 3. — *Son rang dans son milieu social*

A peine un certain nombre de jeunes hommes
ont-ils pris leur rang dans la société. que déjà ils
sont appelés au service militaire. S'ils ont la vocation et l'aptitude pour cette profession ils feront
leur chemin dans ce milieu devenu leur famille, car
leurs mères les ont élevés à l'enthousiasme de l'honneur, cette satisfaction du devoir, cette gloire du
sacrifice. les plus nobles, les plus saintes joies du
soldat est la plus sûre émulation pour illustrer son
nom.

Quant à vous, jeunes hommes, exempts du service militaire ou appelés périodiquement sous les
drapeaux, et vous, jeunes demoiselles. qui vous con-
sacrez tous aux travaux de l'industrie, du commerce
et des champs ou aux professions libérales, au bureau, au métier, en prenant possession de votre état,
vous voilà exposés au contact d'une familiarité trop
séduisante et qui nous oblige à vous redire, avec la
persistance de la goutte d'eau qui veut creuser son
trou dans la pierre : Ne soyez pas dupes de votre
candeur, défiez-vous de la fougue inconsidérée de la
jeunesse, des vivacités de son tempéramment et ne
vous exposez pas à rompre, par trop de précipitation
à l'agréer, une amitié d'un jour pour chercher ailleurs une camaraderie plus sympatique à votre éducation et à vos connaissances professionnelles qui
vous ferait infailliblement des ennemis irréconci-
liables.

Appliquez-vous à vous faire un bon jugement. un esprit droit. un goût pur, le bon sens, en un mot. qui est le dernier et le meilleur fruit de l'éducation : à avoir des égards les uns pour les autres. Et vous, particulièrement. jeunes garçons, ayez de délicates attentions pour les jeunes filles, entourez-les de respect ; n'oubliant pas que si vous avez la force, elles ont la grâce, la sensibilité, le dévouement, qualités que l'homme n'aura jamais au même degré.

Travaillez pour vous-mêmes. pour la satisfaction la plus noble du devoir. Travaillez pour voir la France de plus en plus rayonnante et fière et pour avoir le droit de penser un jour que vous n'aurez pas été tout à fait étrangers à ses triomphes futurs.

Mais surtout, complétez votre éducation dans la société par les qualités de l'esprit et du cœur, par la tenue, la réserve et le don de l'observation, et vous arriverez vite, jeunes hommes et jeunes demoiselles, à occuper une place au premier rang dans le milieu social où vous vous serez successivement élevés par votre mérite et qui répondra parfaitement à votre légitime ambition.

§ 4. — *Usage de son autorité professionnelle.*

Vous pourrez être appelés, sinon tous, au moins le plus grand nombre d'entre vous, à exercer une fonction de confiance qui vous mette en rapport direct avec le public. N'oubliez jamais le respect que vous lui devez et, par votre gracieuse attitude, sachez lui imposer en retour la même déférence à votre égard.

Le public a des exigences, des préventions. Il n'aime ni l'esprit hautain, ni la morgue du dédain, ni l'arrogance du parvenu, toutes choses qui aliènent la considération. Mais il est sensible aux égards, à la politesse, à l'obligeance empressée. Or, dans tous vos rapports avec lui, observez rigoureusement les règles de bienséance.

S'il a besoin d'explications, parce qu'il ne com

prend pas l'objet de la demande qui lui est faite, ou pour tout autre motif, c'est un devoir pour l'agent, pour le fonctionnaire, de les lui donner avec précision pour être intelligible, avec assez d'abondance pour être sûr d'avoir été compris. S'il n'est pas pleinement convaincu par ces explications données avec urbanité et douceur, il a moins de peine à se résigner. C'est une compensation pour lui que d'avoir été écouté poliment et poliment éconduit.

C'est d'ailleurs une satisfaction pour le fonctionnaire de soumettre en les éclairant, les résistances les plus obstinées et les intelligences les plus rebelles ; elle résulte surtout du profond sentiment de l'autorité véritable qui ne croit pas déroger en se mettant à la portée de tous, s'affaiblir en se montrant bienveillante. et qui ne veut s'imposer que par le talent de la persuasion.

Les contribuables ont la juste prétention d'être reçus aussitôt qu'ils se présentent chez un fonctionnaire public pour conférer avec lui. Ils se soumettent volontiers à attendre leur tour de rôle quand ils arrivent successivement l'un après l'autre.

Mais il est cependant une exception à cet usage en faveur de certaines personnalités supérieures : l'autorité de leurs fonctions, la dignité de leur rang social, la considération de leur haute valeur personnelle ne permettent pas de les faire attendre. Le tact, ce suprême sentiment des convenances, vous guidera dans l'appréciation de ce tour de faveur.

Si votre emploi exige le serment professionnel, prêtez-le avec recueillement, car ce n'est point une vaine cérémonie. C'est un acte solennel qui achève de former le caractère de l'homme public, de l'agent, du fonctionnaire qui n'ont réellement l'existence qu'en vertu de l'engagement qu'ils ont contracté. Dès ce moment si grave, tout honnête homme comprend qu'un contrat s'opère entre la société et lui; à quelque point de vue qu'il se place, il est lié.

Il est vrai qu'une conscience droite n'a pas besoin d'une obligation pour être invariablement fidèle au bien ; mais le serment est l'acceptation du devoir à haute voix, il en est la sanction, il est la raison première de la confiance publique et le souvenir de ce serment devrait accompagner l'homme, comme une règle qui soutient les faibles dans les situations difficiles et au niveau de laquelle les forts se réjouissent d'être toujours placés.

Si vous vous rendez dignes d'être honorés d'une fonction supérieure soit dans l'ordre civil, administratif, judiciaire, soit de vous élever au rang de patron ou simplement de contre-maître dans l'industrie, dans le commerce, et que vous ayez un personnel sous vos ordres, vous serez nécessairement chargés de donner votre avis sur l'éducation, la capacité professionnelle et la conduite des hommes dont la direction ou la surveillance vous seront confiées. Cette mission. toute de confiance. exige un concours consciencieux, impartial, et une grande maturité de jugement capable de défier l'examen le plus sévère.

C'est à cette élévation morale qu'il faut atteindre afin d'être maître de soi-même pour se mouvoir librement, exempt d'antipathie, de prévention et de cette tendance à asservir la volonté pour se la rendre docile; à peser arbitrairement sur la liberté de penser et d'agir des personnes soumises à votre contrôle, toutes choses qui aliènent l'impartialité du jugement et provoquent la rébellion.

L'autorité absolue s'impose dans l'armée, où l'obéissance est passive. muette. Elle s'impose également aux enfants qui doivent à leur père, à leur mère, à leurs maîtres et maîtresses une soumission austère ; partout ailleurs c'est le droit de chacun de chercher à faire prévaloir son avis, à se défendre d'une fausse accusation. Si le subordonné a tort, dans cette lutte courtoise et respectueuse, il s'incline volontiers devant la raison supérieure à la sienne sans abaisser sa dignité, son caractère s'élève au contraire par cet acte de soumission à la supériorité du raisonnement qui éclaire son intelligence.

Mais si l'intempérance d'observation, la véhémence qui cache l'indigence de ses moyens de conviction peuvent arbitrairement imposer silence, ce silence ne peut être, à vrai dire, que le mépris de cette tyrannie vexatoire dissimulé sous les formes polies de l'éducation.

Juger un homme, apprécier son travail, s'expliquer sur sa valeur intellectuelle, sur sa conduite, voilà la mission la plus délicate et qui doit préoccuper sérieusement celui qui en est chargé.

Il faut vivre de la vie propre de cet homme pour apprendre à le connaître ; il faut se mettre à l'œuvre avec lui pour concevoir toute l'étendue de ses capacités intellectuelles, ou le suivre assidûment dans ses travaux manuels pour en mesurer l'activité, le zèle et le dévouement aux choses qui lui sont confiées : cela exige du temps, de la réflexion et une grande rectitude de conscience.

Et quand cette expérience est faite, avec la certitude de conserver à son jugement toute son indépendance et la plus scrupuleuse impartialité, il convient encore de peser les mots dont on veut se servir pour exprimer son opinion : il y a des mots à double sens qu'il faut éviter d'employer, car ils présentent le danger d'être interprétés contrairement à la pensée qui les a produits.

Cette opinion sert de base à la décision à intervenir. Si, cédant à l'aversion, à la répugnance, à ces causes secrètes d'antipathie d'instinct, elle se produit d'une excessive sévérité, elle peut mettre en péril, sans nécessité, l'avenir, la vie d'un homme, le pain de sa famille.

Il faut se prémunir contre ce remords qui atteindrait l'âme coupable de cette lâche bassesse.

La bienveillance sans faiblesse, la fermeté sans entêtement, la réflexion lente et grave éclairent et forment le jugement. Le rapport de service est précis, concis, sans violence, sans amertume, sans passion ; il expose les faits avec là simplicité de la vérité, d'où se dégage naturellement la conclusion qui prépare la juste répression de l'acte coupable, ou qui dispose, par une saine proposition, à honorer d'assez de confiance celui qui est jugé digne d'occuper un rang supérieur, ou une position plus lucrative dans son emploi.

Mais pour disposer ainsi du salaire, de la fortune,

de l'honneur, de la vie d'autrui, il faut s'élever au-dessus des passions humaines, prendre son esprit et son cœur à témoin de bien faire et conserver précieusement l'amitié de sa conscience.

En résumé, par ce multiple enseignement de l'éducation morale, de l'instruction intellectuelle et civique, du travail civilisateur et de l'éducation sociale, la famille, l'école, le monde élèvent l'enfant, et cet enfant en devenant homme, en devenant femme, se trouve en état de comprendre et d'apprécier ses devoirs, ses droits et d'accroître, par l'activité de son intelligence, la dignité et l'honorabilité de sa conduite, les forces morales et matérielles de la France.

Nancy, juin 1893.

TABLE DES MATIÈRES

II

Devoirs envers la famille.

III

IV

V

VI

VII

VIII

IX

X

Le mensonge. — La dissimulation. — La franchise. La vérité.

XI

XII

XIII

XIV

CHAPITRE III.

DE L'ÉDUCATION MORALE DANS L'ÉCOLE PRIMAIRE.

CHAPITRE V.
DE L'ÉDUCATION SOCIALE DANS L'ÉCOLE PRIMAIRE.

I

II

III

IV
Sociabilité.

TABLE ALPHABÉTIQUE

D

G

H

I

J

L

M

N

O

P

NANCY. — Imprimerie Hinzelin, rue Saint Dizier, 74.